Age-Friendly

# 高齡友善新視界

## 觀察臺灣與他國的高齡者照顧

周傳久——著

Excellent
財團法人卓越新聞獎基金會
The Foundation for Excellent Journalism Award
財團法人卓越新聞獎基金會獎助出版

巨流圖書公司印行

國家圖書館出版品預行編目（CIP）資料
高齡友善新視界：觀察臺灣與他國的高齡者照顧 / 周傳久著. -- 初版. -- 高雄市：巨流, 2019.07
面； 公分
ISBN 978-957-732-580-8（平裝）
1.CST: 老人養護 2.CST: 老人福利
544.85 108008294

# 高齡友善新視界：觀察臺灣與他國的高齡者照顧

作　　者　周傳久
發 行 人　楊曉華
編　　輯　張如芷
封面設計　Lucas
封面插畫　周德苓

出 版 者　巨流圖書股份有限公司
802019 高雄市苓雅區五福一路 57 號 2 樓之 2
電話：07-2265267
傳真：07-2233073
購書專線：07-2265267 轉 236
E-mail：order@liwen.com.tw
LINE ID：@sxs1780d
線上購書：https://www.chuliu.com.tw/
臺北分公司　100003 臺北市中正區重慶南路一段 57 號 10 樓之 12
電話：02-29222396
傳真：02-29220464
法律顧問　林廷隆律師
電話：02-29658212

刷　　次　初版一刷・2019 年 7 月／初版五刷・2024 年 2 月
定　　價　420 元
I S B N　978-957-732-580-8（平裝）



Excellent
卓越新聞獎 25

CHULIU
PUBLISHER

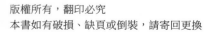

出版緣起

# 為優質新聞與傑出記者而努力

卓越新聞獎基金會是為了肯定和獎勵優秀新聞記者而成立的。

新聞記者此一專業的特殊性，在於一個記者不論隸屬於哪個媒體，或擅長哪種路線，都應該是秉持報導事實眞相、維護社會公益的前提去進行每日的新聞工作。記者不該只是一種謀生的職業，它頂著民主社會第四權的冠冕，又揭櫫言論自由的崇高價値，再加上自主性極強的作業方式，讓記者行業經常充滿個人主義色彩，有時又帶一點英雄主義氣質。

相較於學者專注與知識體系對話，記者較了解如何與社會大眾溝通。又由於經常站在重大事件的現場，他們必須目睹眞相，見證歷史。在他們深入淺出、肌理生動的筆觸下，影響人類歷史的重大事件或關鍵人物，乃躍然紙上，栩栩如生。無怪乎在許多西方國家，最受歡迎的歷史人物傳記，往往出自於有新聞工作背景者之手。

當前臺灣的媒體環境實在令人很不滿意，不但有過於追逐市場、短視近利的經營心態，又缺少身爲社會公器的組織自覺。一些優秀的新聞從業人員，在一開始有著滿腔熱情，卻囿於大環境，終究無法施展抱負，而挫折失望。

卓越新聞獎書系的出版計劃，就是爲了鼓勵那些有志新聞專業，始終不放棄理想的傑出的資深記者，能將多年來在工作中的見聞和心得，經有系統的分析、整理後，以專書出現。這一書系的出版目的一則是要彌補報紙、雜誌或因篇幅有限，或因市場考量，所造成的題材限制；二則強調對特具意義的議題能有論述、剖析的深度與廣度。

此外，我們也希望引介國外優秀的新聞作品，讓他山之石作爲本土借鏡，透過精良的譯筆，讓國內實務新聞工作者，及有志入行的傳播科系學生，也能有見賢思齊的機會。

今日的新聞，有可能是明日的歷史。新聞記者想做第一線的歷史記錄者，其工作品質的良窳，乃直接影響公眾耳目的清暗和善惡判斷。如果此一書系的出版，對臺灣記者的專業品質、工作經驗累積，以及工作成果發表能有貢獻，那我們的努力便沒有白費。

卓越新聞獎基金會第二屆董事長

蕭新煌

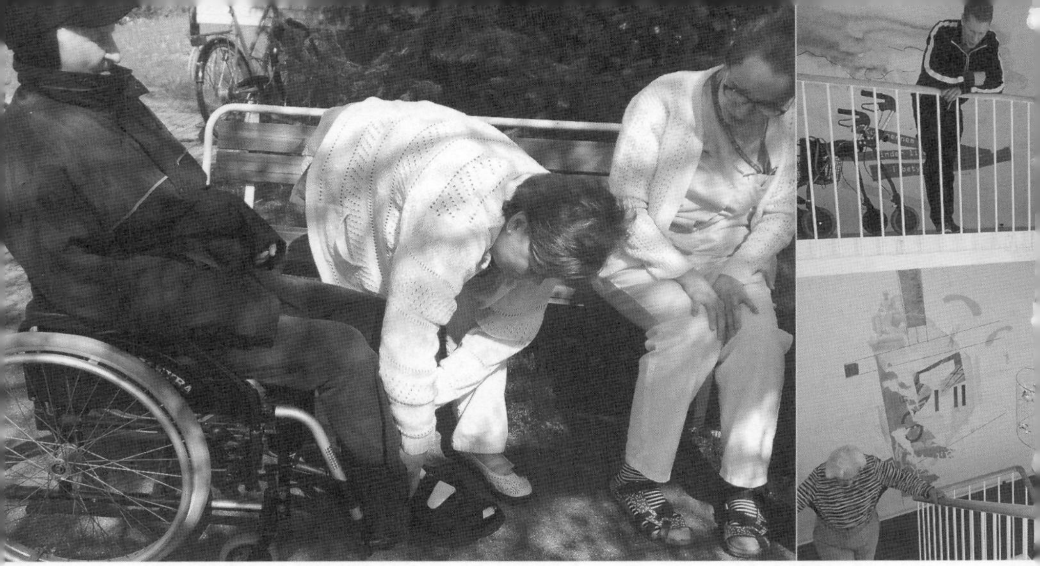

# 目錄 CONTENTS

# 你想要什麼樣的老後生活呢？

衛生福利部護理及健康照護司司長
蔡淑鳳

認識傳久兒超過十五個年頭，初遇是在臺灣護理史展的採訪，印象深刻的是周記者不斷會問「爲什麼」。十五年來從各種管道，我看見傳久兒對「照顧」這議題鍥而不捨的報導，不只老遠多次往返北歐國家，爲能專業報導，還潛入完成「照顧服務」及「照顧管理專員」的正式訓練，對他 Crazy 探索的行動力，我相信對臺灣「未來的照顧」一定能發揮影響力！

這本書累積他十多年國內外經驗對照顧議題的「看見」與「聽見」。從「建立照顧新思維」、「兼顧生理與心理」、「改善機構制度與照顧者素養」、「點亮生命價值」及「走訪各國集思廣益」分爲五章共四十三節，內容以國內外交流的「對話」及「實例」鋪陳對失能與失智議題中「照顧者」與「被照顧者」的困境，以及如何運用「同理心」與「溝通」解決問題，並指出「如何透過有效的教與學」才能讓照顧在人力及財力的限制上找到出口，倡議「照顧」意義的反思與練習！

看完這本書，讓我想起在比利時訪問 Hilda Van Hoolst（何華珍）護士修女的場景，她二十六歲來臺灣從事護理工作，比利時到臺灣約九千五百八十五公里，她在臺灣五十三年。二〇一三年返回比利時天主教聖母聖心傳教修女會（Zusters Missionarissen De Jacht, Cultes）。該修女會目前約有一百五十位修女，都是年輕時到各國奉獻，年老返家安養。一百五十位修女年齡介於七十九至九十九歲，以自我照顧爲主，其中約百分之三十需要被照顧，由教會派人支援照顧，但修女們也互相照顧，何修女已八十多歲，負責四十二位失能失智比較嚴重的修女。她說：「我每天幫忙巡視修女們的健康狀況，了解她們的需求，協助協調問題處理。」修女院的照顧情境比家更像家，比社區更像社區，是平靜、自然又安心的住所！何修女說她很思念臺灣，臺灣很美麗，希望帶給臺灣護理姐妹一句話：「一定要快樂做護理工作！」

臺灣正面臨快速老化，加上少子化衝擊，讓「照顧議題」備受關注與挑戰。我喜歡這本書提到的幾個重要觀念：照顧的目的是爲支持生活品質，所以照顧的原則是協助被照顧者維持獨立。什麼是照顧？或許要從認識自己開始，每個人都有責任爲自己的老年負責，自我照顧是一種公民素養，我們需要更多「未來式思考」與「設計式對話」，想想什麼是美好的老年生活？什麼是快樂的一天？而對於照顧與被照顧實務情境中尚未面對的「難」與「結」，我們需要用「換位思考」，用討論來解題。另外本書提到的「未來委員會」的政策設計、機構評鑑創新及失智教育系統，也讓我特別有感，因爲衛福部照護司的相關政策也有類似的理念與行動正在進行式翻轉中！

專業生活化，照顧專業化，讓我們一起透過學習與教育持續反思與行動，共創美麗的未來式！

# 保有尊嚴 活躍老化

衛生福利部國民健康署署長
王英偉

傳久是我認識中最特別、最敬佩的一位老師，多年前有機會請他到社區爲學生分享長者照顧的經驗，他在電郵中問了很多上課對象的背景、興趣、上課地點特色等問題後，過了幾天才答應，從來沒有一位被邀請的老師上課前會問那麼多問題，自己當時心中真的有點不太高興。當天早上他自己到上課的衛生所，原來他前一天便先到當地了解情形，課中不斷從包包拿出不同從國外收集的教具，那麼認眞備課的老師，讓學生與我學習非常多，包括知識與態度。

每次與他的討論，都會很有收穫，這次他以第二本書再把寶貴的經驗，分享給更多的讀者。由於工作關係，很少能好好地把一本書看完，但開始閱讀本書後便無法停下，我近年推動很多長者健康促進及延緩失能的政策，本書一開始便讓我做了很多深切的反思。

我們推動長者的營養計畫，請了很多的營養學者規劃，可是卻忽略了老人的感受與文化；我們辦了很多的教育訓練，大都在知識與技巧的層面，卻很少訓練如何用心觀察與溝通；我們推動失智長者的友善環境，卻沒有注意到失智者才是主角。我們一直想推動退休者走出家門參加活動，書中的案例卻告訴我們以初老者服務老老者更能激發彼此的互動與支持。

傳久走訪歐亞數國，從跨域合作、醫療機構、非藥物照顧、長照乃至失智照護等，提供了各層面的反思與創新的案例，儘管他國文化和經驗無法直接移植到臺灣，但本書提供了我們全新的切入點，思考如何適合我國制度與生活模式。

新世代的銀髮族的價值觀與行為與過往差異明顯，除了壽命的延長，更受關注的是健康的生活品質，如何「活」得快樂，不僅是滿足基本的生理需求，更重要的是要兼顧每個人心理跟社會層面的需求。看到國外照護經驗如何設身處地以各種方式，「用心」對待長者，好讓失智或失能的長者依舊保有尊嚴，也得到支持與安慰——這也是國民健康署長期推動「活躍老化」的初衷。活得長壽卻不致成為自己和他人的負擔，除了政府部門政策的推動與執行，更仰賴各領域合作夥伴共同努力。我們相信，未來臺灣定能蛻變爲一個充滿關懷和溫暖的高齡友善社會。

# 媒體的「長照傳教士」

公視總經理
曹文傑

「長照」在現今的臺灣社會絕對是重要的議題，傳久多年以前就已經認識到這個問題的重要性，並且長期關心、投注在這個領域的研究上。他多次到芬蘭、丹麥等北歐國家拍攝，從政策方向、法規法條的制定，到許多照顧細節的執行，傳久的觀察與思考可以說是既全面又細緻。

其中許多觀念的建立，諸如：國民對自己健康負責、老年人的性需求、安樂死和非積極、非侵入性治療的差異，包括對長者提供什麼樣的飲食服務等。傳久藉著一個個有趣的小故事，以他山之石的經驗告訴我們長照的重要知識。觀諸這些故事，傳久要告訴我們的其實是

「以被照顧者爲中心、爲主體」的重要觀念。

一個社會有了足夠的富裕和文明之後，才會開始思考長照的品質問題。而長照的品質可以提升到什麼程度，其實正是考驗著這個社會整體對人的理解與尊重。

我因著跟傳久同事之便，每每可以聽他講述種種關於長照的知識。這些知識的累積需要的是眞正的關心與耐心，除此之外，這些知識在高齡化的臺灣社會更需要被廣泛的傳遞。傳久幾乎像個傳教士般投注了無比的生命熱情，他在公視所做的一幀幀影音報導精彩且豐富。現在他把這些珍貴的知識集結成書，讓我們握在手邊，隨時可以閱讀，這對臺灣或者整個華語社會絕對是一大貢獻。希望我們藉著閱讀他的書，對人、對人性都能有更多的認識，也能因此對自我有更深刻的反省。

# 以人為中心的照顧文化

士林靈糧堂社區老人照顧服務總主任
簡月娥

周老師以他獨特眞摯的視角，長期深度考察各國高齡者照顧的相關議題，其整全的思維，累積豐富的經驗，固然是樂於與國內外人士及朋友分享，相信他應該更期望得到讀者的反思、學習乃至效法。

過去，甚至現今，多數人們對長期照顧的關注只侷限在「照顧」本身，北歐則早已進一步著力在「支持生活照顧」的規劃和努力上了。舉例來說，書中提到的 Diakoniewerk 護理之家的設計理念，目的就是爲了讓長者即使失智失能，仍能保有最大化的生活自由。也有護理之家爲此更名爲生活照顧之家。

究竟，照顧的本質爲何？當臺灣越來越多的長照機構強調五星級的裝潢，和AI智能科技的加入時，住在裡面的人是否眞能感受到人味？

同樣是照顧人力的議題，有些國家的照服員是經過長期的培育機制才產生的。反觀臺灣一百個小時就結訓的照服員訓練課程，也就只能著重在照顧技術的學習了。有關書中提到工作的「照顧價值」以及「溝通素養」的技能訓練實是難以速成的，前者攸關人員的工作意願和離職率，後者則與服務品質的提升息息相關，這樣課程訓練出來的人力，在投入細膩又複雜的長期照顧服務關係中充滿諸多的挑戰。

我們所期待的臺灣「照顧文化」是什麼？因應龐大且快速需求的長照服務，由衷期盼國人對落實「全人關顧」和「以被照顧者爲中心」的思維理念，得以在本土落地生根。

# 從「腳」開始的長照反思

卓越新聞獎基金會執行長
邱家宜

幫傳久的書寫序這是第二次，距上一次爲《北歐銀色新動力》寫序，至今不過三年多，可見傳久在此領域持續書寫之勤奮，以及投入的專注與熱情；做爲臺灣長照觀念倡導的先驅，傳久的執著不懈，二十年如一日。

相較於上一本，這本《高齡友善新視界：觀察臺灣與他國的高齡者照顧》在長照倫理與觀念上有更多的著墨，這確實是臺灣目前所最需要的論述。當我們的討論重心還放在長照保險金額如何計算、如何以長照扣除額減免所得稅，以及如何提高政府預算，擴大安養機構收容規模等議題時，傳久透過長照先進國家的實做經驗試著傳達：長照背後牽涉一整套高齡社會的價值思辨，以及如何透過制度建立與資源分配，落實此些價值的具體執行方案。

從被照顧者的角度出發，是長照倫理的核心概念。簡單的說，如果你老了，需要人照顧生活起居，你希望照顧者怎麼照顧你？環繞著這個核心所發展出的討論包括：機構式照顧需要軍事化管理嗎？營養師調配的膳食老人不愛吃怎麼辦？安養機構爲什麼總是像醫院，而不能像個家？如何正視高齡者的性需求？書中也強調，照顧者不要只消極地看到被照顧者的失能，而要積極地觀察被照顧者「還能做什麼」！鼓勵高齡者透過活動身體與心智，維持晚年的生活品質，而這牽涉到照顧者的觀念與專業技能訓練。因此，本書也花了不少篇幅，介紹長照先進的芬蘭與挪威等國，如何以「換位思考」的方式，訓練長照專業人員。

臺灣的醫療質量衡諸全球並不遜色，差別在長照體制的設計不良與執行者觀念不足，書中所舉出的，嚇壞荷蘭資深護理師的「臺灣腳」，就是典型例子。一位接受居家護理照顧的長輩，因足部傷口未妥善處置，導致小腿以下組織壞死，必須截肢。外國專業人員眼見已經納入政府照護體系的個案，在不只一位照顧者參與的過程中，竟然讓一個小傷口惡化到須截肢，而直呼不可思議，刺激了我們對現有長照體系盲點的反思。在現有長照給付體系下，負責換鼻胃管的居家護理人員，換過鼻胃管就算完成任務，至於個案是否需要其他協助，似乎不包含在體制的關切中，於是有了發黑壞死的腳。

如同本書所提示的，高齡者的健康問題經常從腳開始，上述個案引導我們回到原點：從被照顧者出發，考察其健康與生活的、生理與心理的整體需求，是長照軟硬體發展所本的核心價值。臺灣在長照工作上已經起步多時，一切並非「從頭做起」，但如果讓制度把對象給物化、切分，結果就是「臺灣腳」的出現。記取這類教訓，補足照顧的整體性思維，「從腳做起」，也許是個不錯的切入點。

# 「願意多做一點」的服侍精神

高雄十全教會牧師
前中華信義神學院董事長
高英茂

認識周哥（習慣對周傳久記者的暱稱）和他的家很多年，有一件事讓我留下非常深刻的印象，也使我持續地信任和欣賞他所從事的工作。那一次是周哥以「獨立特派員」記者的身分採訪了北歐的社福工作，周哥在教會分享了他的行程和記錄，他的報導讓我感動得不能自已，躲在角落裡哭了好久，太有人性了，一個卑微的生命居然可以被尊重到那種地步。

周哥用影像描述一位全身癱瘓的年輕人，照顧他的人怎樣為他在他有限的視線所能及的天花板做了貼心的裝飾。再有一次動人的場景，好幾位只能付錢在歌劇院聽他們演出的音樂大師，熱忱地去為幾位行動不便的老人家做了極正式的演出。

我看見了，那些人是那麼願意從事原來不需要做，沒有做也不會受責難的事情；因為「愛」，他們願意多做一點，再多做一點。這樣，一則又一則，周哥分享的內容滿滿的都是人性的互動，充份演繹了「你們願意人怎樣待你們，你們也要怎樣待人」那深奧又實質的內涵。

又有一次，周哥帶回來有關「失智者照顧」的新契機，失智者也有重回生產的可能。家屬面對失智的長輩，除了感嘆失智晚年生活的不堪和照顧艱難的無奈，往往還包含了許多不知所措的無力感，沒有經歷過的人是不能稍加體會和了解的。周哥提供了面對失智者不再那麼悲觀和無奈的經驗，使我們可以從另一個全新的角度，有樂觀的期待和方法。

再有一次，周哥帶回來「足部護理」的訊息，刺激了我既無知又沒有概念的領域。以前聽過吳神父的腳底按摩，看過腳底反射區的圖示，也正在使用健康鞋墊，卻從來沒有察覺「足部護理」對老人家是那麼重要。我九十三歲的爸爸很愛乾淨，現在已經沒有辦法自己洗澡；幫爸爸洗澡的時候，發現他有很嚴重的灰趾甲，趾縫很窄，又不敢用力將僵硬的趾頭扳開，連起碼的清潔都很難做到；後來雖然求助醫師將灰趾甲拔掉，但那已經是下下策，心裡頭一直耿耿於懷，覺得虧欠老爸，害他受苦。我問過周哥，得知他已經蒐集了更多的資料，我開始期待很快地有「足部護理」的課程可以學習。

長榮大學每一年的畢業典禮皆有「洗腳禮」的傳統儀式，今年「洗腳禮」由十二位同學代表，十二位師長像僕人般蹲跪下來為學生代表洗腳，象徵以上事下，以大事小「謙卑服事」的態度，也彰顯當年耶穌親身為門徒洗腳的景象及意義。位於長榮校內的洗腳禮雕像，也時時刻刻提醒著同學要秉持謙卑服務的精神。

在畢業典禮上用「謙卑服事」來陳述「洗腳禮」的內涵，是非常恰當又有意義的。個人認為，在檯面上洗腳比較容易，要被洗腳的代表們事先都會把自己的腳洗乾淨，免得失禮。耶穌的意思並不是要門徒們彼此形式地洗彼此乾淨的腳而已，祂是要門徒們彼此洗濯那有臭味的、弄髒的、負重的、變形的、龜裂的、玷汙過的腳，用愛心去清潔、安慰、護理並保養它。如果耶穌的這個洗腳的典範能被照樣實踐在日常生活中，也能忠實地運用在對高齡者友善的照顧裡，我們的社會必定會從中發展並呈現出許多亮麗又祥和的景象。

每次周哥要出遠門去採訪，都會聯絡當地曾經來臺宣教的宣教師或他們所介紹的友人及單位，因為他們真心愛臺灣，並且知道哪裡可以得到對臺灣社會有利的資訊。在出門的前一天晚上，周哥都會到教堂裡禱告，確認上帝無私的愛，確認自己的受託；然後我們就會一起期待上帝打開我們更新的視野。

我們都知道，外國的月亮並沒有比較圓，臺灣有很多讓人豎起拇指稱讚的優點；而周哥用心四處蒐集採訪報導給我們的，有關國外友善照顧的實例也是事實。為什麼在那些國家可以做得到的，而我們的社會雖羨慕，卻還可以提出一籮筐我們做不到的理由。高齡化社會來得快速，每一個人都有機會老去或死去，我們眞心地希望：高齡者不只是帶來社會的負擔、嘆息和無奈，更能帶來智慧、互信和互愛。

樂見周哥將這一次又一次採訪的精華，整理並集合成冊。雖然沒有亮麗吸引人的標題，其所描述的情境是那麼廣泛，距離我們的現實卻是那麼貼近；其所指出的造成許多遺憾的理由，又是那麼眞實又是似是而非地讓人不容推諉；其所提出的建議和活生生的舉例，中肯地幫助我們重燃服侍的熱忱。讀這書又樂意參照著彼此服侍的人，眞是有福了。感謝周傳久記者無私的奉獻。

※

我從事長照應已逾二十年，傳久的文字、影片、觀點，總是會在我的腦海常佇足。有時會很好奇是如何的成長背景造就了傳久如此不凡的社會影響力。

近十年來，當愈來愈多專家學者大談闊論形形色色的長照議題與論述時，傳久的觀點總會是超越，超越長照技術、操作、專業慣性、防弊性政策作爲，回歸到人的本質、眞善美的社會倫理，然而這些常被忽略，但卻有極其可貴的觀點，並非大道理的闡述，而是傳久經年累月深耕北歐、點點滴滴的生活體驗與看見，用影片、文字及他的身體力行，讓不斷紛擾的臺灣，持續存在著清晰透徹的反思與引導。我從副市長卸任下來，投入偏鄉部落擔任照服員，其實就是追隨傳久數年前，他實際參與照服員培訓、服務的實踐行動。就是他，讓我能快速跳脫政治紛擾，回到初衷！

若說傳久是位會說、能說長照靈魂的人，我想更貼切一點是，他只是借當下高齡社會的需求，不斷探索生爲人的價值與社會、國家可能、應能的美好。

**——前臺中市副市長、前弘道老人福利基金會執行長　林依瑩**

※

認識周傳久老師以來，最受感動的是周老師常在臉書上書寫，簡短有力，每每讓我思考許久，就像是周老師在螢幕的另一頭對我提問。今欣喜能拜讀周老師的最新創作，將網路世界裡的精神透過更細緻的文字傳達給更多對長照議題關心的大眾。在這本書裡，每一個提問背後都有動人故事，進一步帶動思考，幫助我們自省、自勵與懷抱夢想。相信對每一個讀者來說，周老師的文字能幫助我們彷若親臨故事的現場，讓懷抱疑惑而來的我們都能在字裡行間尋找到答案，同時體會到這的確是一本行萬里路後而擲地有聲的眞誠之作。

**——高雄長庚醫院失智共照主治醫師　陳乃菁**

※

什麼是眞正的照顧？什麼是眞正的療癒？生命的晚年什麼是眞正的幸福？這本書處處流露作者身爲媒體人用心關懷生命與終身學習的精神，書中各種實例具體深刻又充滿啓發與希望，鼓勵著我們以愛與專業，不斷創造銀髮照顧工作的新思維與行動。

**——國立高雄師範大學成人教育所教授　余嬪**

# CHAPTER 1

# 建立照顧新思維

# 1・自己的健康自己顧

在民主社會裡，對自己的健康負責，是種公民素養。因此政府規劃長照政策時，應多在健康促進上下功夫，讓民眾培養自主維護健康的意識，如此才不會造成無謂的浪費。

有個地方政府爲了鼓勵老人打流感，發起打流感送蘿蔔活動。但生病和健康都是自己的事，怎麼要別人送禮物才行動呢？

## 延緩老化人人有責

二〇〇六年芬蘭國會未來委員會制定長照政策時，發表過詳細的政策論述，其中第一頁就提到，未來政策首要是讓民眾體認到，自己對延緩老化有責任，而政府的資源分配和政策，需與老人共同努力。

二〇一四年丹麥出版新的照服員教科書，第一章不是長照政策，而是「什麼是照顧？」當中明確指出，專業照顧就是支持老人獨立自主，追求健康和延緩失能，「以病人為中心」意思就是「健康促進是以民眾為中心」，這不是投其所好，而是要民眾懂得照顧自己，別人再來協助。在挪威，推動每日復健計畫，也和其他北歐國家一樣，第一步就是和失能老人溝通，讓照顧者和老人一起努力改善身心現況，健康不是政府的事，更難想像要送禮物求你追求健康。

以上種種說明了，民主社會裡自己負起健康的責任，是一種公民素養，什麼都寄望別人，只有「前方吃緊，後方緊吃」，再富裕的社會也撐不住。

國內從十多年前迄今，對他國優質的照顧羨慕不已，因而考察不斷，但結論總是：「〇〇國家因為有錢，所以可以如何如何，我們預算不夠，因此很難如何如何……」至於別人在教育和健康促進當中，花了多少心思，鼓勵人人為自身健康負責的意識，則都略而不提。

## 打針送菜 變相鼓勵貪便宜

讓人為自己負責，是在尊重、彰顯人的尊嚴。年年送禮物求人重視健康，把人民當成愛貪小便宜的人，這種宣傳方式是否有輕視民眾之嫌？

幾年前，中央政府政績逼得緊。流感撥下來的疫苗有時效，又要績效，變成打預防針送高麗菜，以致有些老人爲了青菜，還想重複打針……就是因爲送東西模糊了價值，才會有這樣荒謬的期待。現在地方衛生首長已經換人，但打針送禮物的施政方式依然持續，只是高麗菜變蘿蔔而已。

這樣的風氣代代相傳，儼然變成地方拼績效，和推動計畫最速成的手段。

官員到社區宣導登革熱防治，看到民眾院子有積水盤，勸導倒掉，民眾反問：「有補助嗎？」爲何有這種提問？歸根究底，恐怕還是因爲民眾覺得政府會來，就是想要求他們配合，自然期待可以拿好處。

## 改變臺灣 從改變思維做起

展望未來，臺灣老人人口勢必遞增，如果今後政府，還只是單向求大家追求健康，以臺灣有限的醫療資源，怎禁得起龐大的資源浪費？已經愈來愈疲憊的照顧量能又怎能改善？

政策理念主導策略和資源配置，也影響幾年後臺灣會變成什麼樣子。當臺灣推行長照2.0的時候，是否也應多花些力氣，想想該如何讓大家爲自己的老年負起責任？不管是針對強壯的青年、健康的中年、初老的老年，至少給福利時，就應同步思考，引導大眾對自己的健康負責，這正是目前北歐推動長照的核心價値之一。

因人口高齡化，希望人人及早學會爲自己負責，政府也能提出鼓勵這種觀念的政策。例如怎樣將健康促進，結合老人的生活和文化背景，讓大家覺得有參與感；或者多聽老人的生活期望，讓健康促進能依老人的夢想來進行。

這些都是逐漸讓人負起責任的方式，也是其他國家能人性化延緩失能的重要因素。期待未來，能有帶動民眾自發負責的健康促進計畫，倘若因爲這樣的措施，能讓民眾興起城市光榮感，不是很好嗎？

## 2・熟年要理人生福

金錢有限，欲望無窮，如何運用有限的金錢，過有意義豐富的生活，是值得思考的。知足過生活，並常保有喜樂健康的身心靈，有餘可幫助分享給需要的人是有福的，快樂也會加倍的多。

熟年意味著有人生閱歷的人，不論一生平順或經歷大風大浪，經濟無虞或缺乏，總是過完了人生上半場。很多人從小養成的觀念，覺得錢永遠不嫌少，當然是擁有愈多錢愈好，但眞的是如此嗎？

我認爲，有錢固然很好，有健康的身體、能過著喜樂的生活更好。人生下半場要多少錢才夠用？如何運用有限的金錢，度過有意義的豐富生活，很值得熟年朋友多加思考。

## 用心經營人生下半場 喜樂之心是無價之寶

相信很多人剛從學校畢業時，都會覺得錢很重要，進入社會後，在職場上看過形形色色的人，有很有錢的人，他們無論存款、理財、買動產或不動產，總是有源源不絕的資金可供運用；也有總是手頭很緊的人，他們被貸款利息壓得喘不過氣，工作收入主要爲繳貸款，繳不出貸款時，甚至會遭遇不動產被法院拍賣，乃至經濟惡化到無家可歸、破產，最後不得不與銀行協商償債，或是乾脆逃逸無蹤，到處躲債……

在職場見過許許多多金錢遊戲之後，曾有機會進入機構學習照顧失能者（無法生活自理的人或植物人），親身體驗到人生的更多層面，比方輕度失能者，他們的生活或許需要依賴他人，但拐著助行器還是能慢慢行動，手腳仍保有活動能力，可以選擇喜歡的事物，重度失能者則身上插著鼻胃管、導尿管、氣切管等，生活照顧就必須完全依賴他人，毫無生活品質可言……一旦親身體驗過失能者的各種狀況後，再回頭看人生，眞的會有不一樣的眼光。

因此，要誠摯地提醒大家，當您還擁有身心的自主權，可以自由選擇過生活的方式，是很值得珍惜的。不過，當有一天身體出問題，生活無法自理，必須委託他人照顧生活起居時，保有一顆喜樂的心也是很重要的，喜樂的心乃是良藥，憂傷的靈使骨枯乾。當一個人失去身體的自主權，更要注意心靈不要也跟著淪陷，唯有保持喜樂，才能讓生活不至於整個淪陷。

## 身體健康 一切好說 自助助人 快樂倍增

所以，只要身體健康，就是最大的人生福！只有身體健康，才能憑藉自己的專業、經驗、智慧或勞力賺錢。投資理財並不是不行，只是要小心風險，免得投資失利、愈理愈窮。尤其很多熟年人都經歷二〇〇八年金融海嘯、二〇一一年歐債危機，對於金融市場變幻莫測，想必很多人都有深刻體驗。高報酬隱含著高風險，需小心因應才行，想要投資股票債券基金的人，一定要做足功課，深入了解投資商品的優劣及風險，設定停利點見好就收，也要設定停損點，經常見到「捨不得」心態，讓很多人賺到的錢反都賠回去，或是愈虧愈多，所以一旦時機到了，就要一刀切斷、千萬不可猶豫。

其實，敬虔加上知足的心便是大利了。知足過生活，生活夠用就好，吃一頓平價、營養均衡的食物，勝過高脂肪、高膽固醇並造成身體負擔的高價位食物。另外，多做一些促進健康的運動比較實在，建議每週至少固定運動三次，每次三十分鐘，促進血液循環及新陳代謝以延緩老化，並常保有喜樂健康的身心靈。

若是行有餘力，規劃學習自己有興趣的事，如樂器、語言、插花、烹飪、書畫、工藝等，增加技藝、技能及生活趣味，定期當義工去機構陪伴長者，與他們分享喜樂，幫助機構裡的住民增加五感刺激，讓他們聽得到、聞得到、看得到、摸得到或嚐得到，分享的快樂和福氣，就更是加倍的多了。

# 3・同理心啊！同理心

對於長者的抱怨，各國照顧者雖然做法不同，但背後所蘊含的同理心卻是一致的。臺灣的長照環境，長久以來一直有工作環境條件不佳的評論，但其實只要在小事情上，落實細緻的同理與溝通，就能爲雙方帶來不一樣的生活。

這是一個眞實故事。

在臺灣，一間公立安養之家，一位長者對社工抱怨飯食，覺得伙食像給豬吃的一樣難以下嚥。社工立刻回應，告知這裡不是五星級飯店，但保證供餐有營養。老人隨即推開餐食。從此這位住民，被這位社工認爲難以相處，並將此訊息交接給其他社工。

在一個有上百位長照機構執行長的在職教育訓練場合，我說了這個故事，徵詢大家看法，想知道如果換成他們，會怎麼處理。在場的主管紛紛說，要是他們是那位長者，一定會翻桌。既然如此，我們怎能用上述方式回應住在機構的長者呢？

有主管說，要是他是社工，會請廚師來說明，但其他主管不表認同。因爲找廚師來解說，對於捍衛菜色品質，未必會有幫助。負責管理安養之家的地方政府社政主管則說，要是她，會調閱開會資料給長者看，證明菜都有經過大家討論決定。但在場主管們覺得，這回應也不見得能夠讓長者滿意。

終於，有一位主管說，長者發脾氣的眞正原因未必是菜，所以要多去了解。這個答案得到較多人點頭。

## 仔細聆聽長者需求 認眞思考對方立場

是的，老人發脾氣，有可能眞是因爲對飯食不滿意，但也有可能是藉飯食發揮，究竟怎麼應對更好呢？

一位德國照顧者說，要是她，會馬上準備和老人完全一樣的飯食，當老人的面吃下去。了解到眞的不好吃，或者覺得沒有問題，再和老人溝通。從此先取得第一步同理。一位丹麥照顧者說，要是她，會問老人希望吃什麼？這樣廚房可以提前一週預備。

在臺灣，許多長照機構廚師不願意這樣做，因爲怕麻煩。但丹麥主管說，這是廚房的責任。一位荷蘭照顧者說，老人得到想吃的食物很重要，因爲行動受限時，吃就變得更加重要，而且長輩有可能因爲疾病或退化，而改變口味，或者飲食困難，應想辦法了解長輩的需求。另一位芬蘭照顧者則說，應該先問：「你好嗎？」因爲多聽長輩講話，是照顧的優先事項。照顧者得讓長輩能表達自己的意見，而且讓他知道，有人願意好好聆聽他的感受與期待。有時甚至連餐盤擺設方式，都有可能因爲和長輩在家吃的不一樣，而引起長輩不悅。

以上說法未必都對。但有個共同特色，就是站在對方的立場和感受著想，而不是直覺的辯護，一辯再辯，要證明自己是對的。

我們花了許多時間培養照顧者。照顧一些充滿豐富人生閱歷的人，並不容易。我們有許多證照考試和文憑，號稱培養專業人士，要別人看重其專業。但能力若等於知識和技巧，再加上態度，我們照顧者的基礎和在職教育，究竟能增加多少能力？

從回應這位抱怨飯食長者的故事可見，同理學習空間仍大，而溝通，可爲照顧者及被照顧者，帶來各種關係氛圍變化。

## 落實同理與溝通 雙方日子大不同

如今，臺灣推行長照的過程中，一直不斷有工作環境條件不佳的評論。但有多少人想過，同理與溝通落實細緻，往往在小事情上，可以帶來很大影響？

不少住在機構裡的老人表示，沒有活下去的意願，這種想法往往被視爲久病纏身或精神疾病所致。然而，他們每天處於何種溝通氛圍？他們被何種言語對待？逃不開，又不斷得到照顧者這樣的洗禮，他們只能反彈、無言以對，或拒食抗議表達自己的意見。我們若是能夠重視同理，被照顧和照顧的人，從天亮到就寢，日子可以不一樣。

# 4・如何突破長照屎尿情結

照服員照顧失能的人或長輩，最常遇見的切身問題就是清理大小便。千萬別輕忽這項神聖的工作，這裡面不僅牽涉被照顧者的心理與感知，大小便更是觀察身體健康狀況的重要線索。每個人可能成爲銀髮族一員，都該認眞看待切身的「屎尿」問題，這是高齡社會的公民終身學習最重要課程之一。

有一位高階主管談論長照課程發展，接受媒體採訪說到把屎把尿種種實務問題時，引發護理界不少「異」見，因爲，排泄物在醫學上是重要健康線索，且排泄物處理足以影響個人心理感官感受，萬萬不可貶低處理排泄物的專業。

其實這幾年把屎把尿一直是長照界的熱門話題，許多人直接說這是不入流的工作。有些人看起來好像認同尊重，但私下卻在孩子選科系時表現出輕蔑態度，甚至聽過有中年女性在聊天中，盛讚自己先生有遠見，阻止孩子去日本唸長照，避免遠渡重洋只學怎麼幫人把屎把尿。

長照何時等同把屎把尿了？要是大家都不做，難道以後會有外星人來幫忙把屎把尿？當然不是，現實是倚賴外籍看護，但又抱怨外籍看護不能二十四小時不休息。想以科技取代人力？其實不容易，因爲每個人體型不同，各種失能狀況不同，遇見失智的人，更有不同的處理方式。從尿不出來、拉不出來，到尿出來、拉出來，這過程有許多照顧學問，不容輕忽。

曾有新進照服員在期末考試時，被監考護理師帶到長者身旁，測試會陰沖洗，正好遇見穿尿布的長者，一解開發現裡面有排泄物，當場把這位新進人員嚇得倒退三步；還有一家機構，因人手不足和照顧不用心，任由排泄物在長輩腿上乾硬，這等情境有何尊嚴可言？遑論感染風險。另有一家日照中心長者，從週末回家到週一來日照中心時面有難色，原來尿布裡的糞便已經變硬了，可見沒有家人照顧，情何以堪！

臺灣沒有二十四小時居家服務，有些獨居失能長輩最後一次受到居服員服務，可能是下午換尿布的時候，等下一次已是隔天早上。長者怕不舒服，只好減少喝水以減少排尿，這不僅對腎臟不好，更可能導致暈眩跌倒。因爲沒有妥善協助失能長輩清理排泄物服務，導致引發各種骨牌效應，不可不愼啊！

在某些國家，醫院病房是不准家屬同住的，長者洗澡、吃飯和如廁完全都由護理師和助理護理師負責。因為，從如廁到觀察吃喝、剩下多少食物，到觀察計算排泄質量，都是服務也是後續治療的重要線索。

## 視病如親 失能長者應受基本尊重

有個真實故事，多年前在恆春基督教醫院，有天早上芬蘭護理師來交班，遇見一位因肺炎住院的乩童。他前一晚整晚拉肚子，看到芬蘭護理師時說：「以後我出院了很希望你們來我家，因為我是這麼被當人看待。」芬蘭護理師聽了很好奇。原來，這一位乩童前一晚在病床腹瀉拉了十三次，夜班護理師一次又一次不停清理，讓客戶有個舒適的床，讓乩童很感動。

其實，處理大小便問題對客戶本身影響至鉅，它可以如此正面，也可能非常負面，曾有一位女性資深營養師在失智共照講習時，就提醒照顧者和個管師們，如果未能妥善處理尿管，甚至會讓某些女性病人覺得像被性侵般的痛苦。若非她直截了當說出客戶感受，恐難讓一般男性醫療專業人員產生同理心。

在比利時的老人照顧倫理尊嚴實驗室，每年有許多在職者來此接受二十四小時完全倚賴他人處理大小便的切身體驗，這似乎比臺灣的照顧者體驗將味噌放在尿布上的課程，更令人深刻有感。有位日間照顧中心的照服員，分享她幫長者處理排泄物的經驗。捧著有溫度的屎尿讓她感覺欣喜，因爲這象徵了長者的生命力。或許我們一般人難以用欣賞又正面的態度看待排泄物，但這終究是高齡社會的公民終身學習之一，還可以輕忽漠視嗎？

# 5．照顧不是軍隊管理

國外長照機構專家看到臺灣多數機構固定時間集體用餐、一起活動，被照顧者沒有自由，不免心生疑惑：這種生活方式，眞的妥當嗎？是的，如果是您來住，不想太早起床而被挖起來，或被迫做不喜歡的活動，會不會更憂鬱？我們是該反思長照倫理核心價值了。

「從住民的角度來看，這樣做妥當嗎？」國外長照機構主任受邀來臺灣講習，向機構管理人員提這個問題，鼓勵大家精進，創造出對照顧者和被照顧者都好的服務設計。

臺灣有很多長照機構，這些地方住了許多不同程度失能失智的人，每天在機構經歷起床、飲食與生活作息。多數的機構在固定時間集體用餐，這是大家習以爲常的現象和做法。一起用餐，聽起來沒什麼不好，但如果有人還不想起床，有人還不想用餐呢？

## 軍隊？監獄？機構照顧非管理

對國外長照機構主任的疑問，機構管理人員回說：「要順著這些人嗎？這是入住前就講好的，他們接受才可以住。讓他們晚點吃，照顧者就得要額外花時間收盤子。」

其實將心比心，如果在家時自由起床飲食作息，去了長照機構，卻要天天配合規定，您心裡的感覺如何？當機構管理者說「要順著這些人嗎？」的時候，他是怎樣看待長照機構的住民？照顧者與住民互動，彼此之間存在著要不要順從的問題嗎？難道機構是軍隊或監獄？還是給了住民一點好處，住民會得寸進尺？或者提出要求會冒犯管理者的權威與面子？

也許我們不應吹毛求疵抓人語病，但如果管理者能針對外國講師的提問，開始思考習以爲常的流程與方式是否妥適？爲什麼這麼安排？是爲了維持尊嚴，還是爲了住民著想？每個人來機構前各有作息，機構本於何種經營理念，要求住民入住後樣樣配合？這是看管還是照顧？

## 樣樣集體行動 被迫參與活動合理嗎？

想想，當長輩要在此長住，對於被規範的生活方式，無力表達不滿或改變、不能決定自己的生活時，他們感受如何？

歐洲許多國家基於住民幸福感，多年來已在調整上述理念，讓更多人可以如在家生活一樣。他們也發現這對照顧者和被照顧者都好，因爲人可以做自己，活在更有安全感、自主性的情境。住民經常被徵詢意見，而不是被制式流程牽著走。這樣會不會增加照顧者工作負荷，取決照顧者工作理念養成、態度與溝通方式，以及照顧者們彼此互動氛圍，而不是只取決於到底多了多少工作。

另一個牽涉制式流程是否合理的是辦活動。外國講師訪視機構時，管理人員安排他們參觀不同樓層，看到有些住民正在對著大型數字看板投擲，外國講師問，「爲什麼做這活動？」陪同者先愣一下，想想之後回答：「防失智。」外國講師又問：「爲什麼要一起做？」陪同者回答：「因爲怕他們不來會憂鬱，所以要一起。」

講師接著問：「有人覺得幼稚而不喜歡呢？」陪同者答說：「會積極邀請。」外國講師反問：「如果有人不願意，既跑不了，也沒別的活動可以做，甚至一直得不到想做的，再繼續被邀，做不願意做的活動，會不會更憂鬱？」此時陪同者不知道該怎麼回答了，只能尷尬苦笑，因為過去少有人去想這些問題。

陪同者坦言，過去甚至一年中有許多時候，住民還要配合外來的表演團體，大家集合去看表演，但實際上是被推去幫機構充面子，以免場面難看。聽到這裡，不免想問：到底誰是機構的主體呢？長期這樣營運的機構，除了住民感受值得探討外，基層照顧者會不會快樂或有成就感？恐怕也有問題。

我們的長照訓練已經在進步中，能夠提出「如果是您來住，您願意被這樣對待嗎？」這話很好，但也不一定就能幫助進步。因為許多習以為常的營運方式，已經被認為理所當然或不可能改變。若能更深入反思倫理價值，以更開放的態度討論，則例行性與制式的營運方式，還是有很多可改善空間。

# 6・打破病房式長照思維

臺灣許多長照機構仍擺脫不了傳統安養中心「病房式」營運管理，機構就像長輩另一個「家」，但在「家」裡，他們沒有安排生活的自由。究竟依活動能力將住民分類，是出於專業考量，還是只是爲了方便管理？如果家中長輩因爲這種病房式照顧，導致退化更快，您做何感受？

一位外國長照機構主管馬女士來臺辦講習，參觀了本地的安養機構，一行人首先來到失智區，問起照護比是一比三。機構人員解釋，因爲這裡的住民都還能行走。馬女士聽到這樣的人力很羨慕，因爲在她的國家這並不容易做到。

馬女士接著問，如果這些長者更老或行動更不便的時候，怎麼照顧呢？機構人員回答，那時就會移往養護區。隨後大家到養護區參觀，機構人員表示這裡的照護比是一比八。馬女士對此感到疑惑，不是同樣是失智嗎？怎麼剛才那裡一比三，來到養護區變一比八？陪同的機構人員一時也不知怎樣回答，因爲臺灣很少有人會問這樣的問題。

## 安養機構不等於醫院 長照「罩」得住居住品質？

馬女士好奇的原因有二，同樣是失智，爲什麼比較不會動就減少照顧人力？難道不靈活了，就比較不需要人幫助他過有品質的生活嗎？其次，長者從原始的家搬到機構來，所住的地方就是他們第二個家，既然是家，怎可叫他們再繼續一直搬家呢？

接著，大家繼續談論幾個人住一間房間才合理。這家公立安養機構從失智區到養護區，有單人房、雙人房和三人房；但目前在國內的機構，也有四人住一間房或六人擠一間房，多年前還有多達二十二人住一間房的情況。

不曉得讀者覺得有關以上的問題該如何回答？其實，仔細想想，多少人住一間房才合理，這問題沒有絕對的對錯；但是在這些規劃背後，機構到底是以怎樣的理念對待終老的長輩，就很有深思空間。機構究竟只是出於經濟考量而設立多人房？還是未能釐清急性醫院病房的配置理念和長照機構的本質根本不同？

丹麥失智共照最後一環節的重度照顧仍支持客戶有多樣刺激的生活品質。

舉例而言，生病動手術住院或送醫院觀察，是屬於短期居住配合檢查，相關設施是爲支持生命徵象，定時供餐也是配合檢查或手術；可是安養機構往往是住到人生結束，也就是說，這裡就是他的家。兩者性質會一樣嗎？

一個家，需要和許多陌生人住在一起，要彼此忍耐？甚至私人物品放置引起疑慮衝突，而不得安寧？家，需要一早六點半全部起床吃飯？在還不想洗澡時被要求去洗？長者因功能退化就要非自願地被推往別的房間，忽然和不認識的人安置在一起，可能會發生衝突。這種「檢傷分類集中管理」的做法到底是爲什麼？是專業經營？還是只是爲了方便管理？要是您是住民，感受如何？

## 以被照顧者為中心？或只重管理營運？

晚近的長者靈性照顧文獻，澳大利亞出版的手冊即指出，意義、連結和自主對銀髮長輩基本幸福很重要。以被照顧者爲中心和病房思維、管理爲中心，其中有許多不同。

以失智長輩來說，若以被照顧者爲中心，即使行動不便了，仍然要繼續設計他的生活計

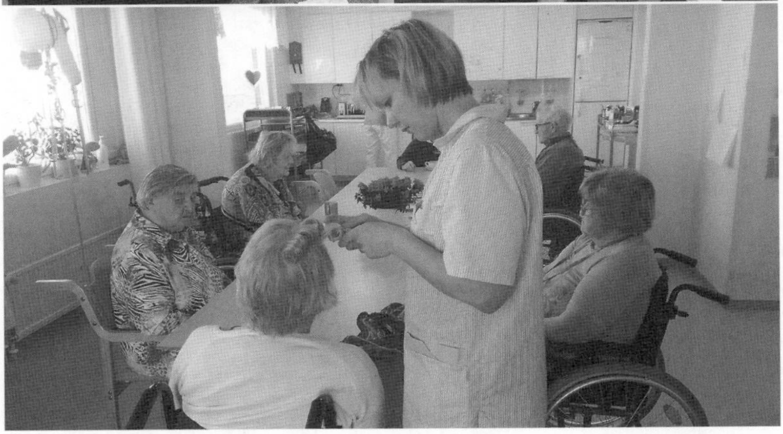

上：丹麥失智機構照服員拿樂譜與昏睡長者一同唱歌，長者就快樂甦醒過來。

下：芬蘭護理之家照服員實習生為增加長者樂趣而幫老人綁頭髮。

畫，讓他們得到更多可就近參與的活動。如果只因爲長者行動力佳，怕他們亂跑，就派多點人力看顧，待行動不便，便大量減少人力，原因只是他們不會造成麻煩，然後全部推到電視前面，連後排被前排擋到也沒有人管，這樣的營運思維會造成何種生活氛圍呢？

有可能您不喜歡被安置在電視機前，但無力自行離開，甚至有時想看電視，卻被推回房間，只因爲照顧者要交班，下一班人力不同，又要忙別的事情。要是您是那不太能動的長者，被這樣的對待，會做何感受？如果因爲這樣的照顧，導致退化更快，眞的是天命嗎？政府希望降低長照支出，但這是降低長照支出的好措施嗎？

當國內愈來愈多人重視長照，討論科技照顧，倡議發展長照產業，或許可以想想馬女士的「奇怪問題」，是眞的奇怪，還是臺灣人見怪不怪？

# 7・高齡就業新思維

在高齡少子的社會現況下，如何讓年長一輩的人才發揮職場經驗、生命經驗和成熟度，是未來勞動部門推廣高齡就業的趨勢，期望未來除了關懷據點，渴望在社會上發光發熱的長輩們，也都能有更寬廣的舞臺，可以讓他們貢獻畢生所長。

各國都在延後法定退休年齡，不過對於六十歲到七十二歲的就業方向，卻沒有很好的對策。但若無具體對策，卻只延後法定退休年齡，很可能造成社會問題。

但這挑戰其實未必悲觀。在臺南看到一個四甲地的有機農場，附近原來有日本人投資的便利包食品製造廠。工廠收了，失業的員工年紀也大了，五十幾到六十幾歲都有，她們不僅失去收入，還面臨子女在外打拚、自己成天孤寂在家的處境。

幸好農場正需要出貨包裝人手，而這些失業的員工因曾在日系工廠擔任包裝工作，過去所受到的嚴謹訓練，讓她們轉而從事蔬菜包裝時能快速適應，於是她們紛紛投入新工作中。

種植蔬菜，很需要這樣的包裝人才。臺灣蔬菜種的量多，品質又好，但最後能出貨多少，取決於包裝區能否妥善摘選與打包，才不會讓前端的成果毀於一旦，影響出貨率。

農場負責人發現，這些五十五歲到六十七歲的婦女，的確很重品質和規矩。她們能很快地篩選包裝，每天淘汰的菜量也較少。即使是非常挑剔的超市買主，也從未能在包裝上找到可以退貨的瑕疵。

後來這些婦女又找了認識可相合的人一起來工作，保有很好的工作氣氛，讓農場主管很放心。員工們說，回顧在日商工作，工頭常常盯著看，一有不對就會罵人，但在這裡卻能得到公司的信任，還可以自己帶適合的椅子來，舒舒服服地工作，所以每天來上班都很期待。

這些員工每天都在大桌前篩選包裝。這樣的工作內容是否無味？員工是否需要和採收者輪調，讓工作有些變化？在百貨公司的年輕員工可能需要，但這裡的中年員工說，並不希望輪調，她們喜歡做一樣的工作。

因爲有機蔬菜本來就乾淨，更重要的是，每天包裝都可以看到綠色的蔬菜，從攝氏二十度的包裝區，放入五度的冷藏庫，還會看到蔬菜變得更美，很有生命的樣子，所以工作環境好，心情很快樂。這是她們在這個年齡和家庭處境所期盼的，而且在這個職場上，她們可以將職場經驗、生命經驗和成熟度，發揮得淋漓盡致。

記得訪視芬蘭國家年金中心時，主任曾告訴我，不要一直擔心年長者延長退休年齡，會搶年輕人的飯碗，因為各有所長。有許多老一輩不熟悉的行業，可以鼓勵年輕人去做，而老一輩的可以做更適合他們的行業。而且國家年金中心，要對六十歲以上長者的心境進行研究，了解他們對職場環境、對同事以及對老闆關係的看法，以便創造屬於他們的適當機會。

又記得多年前訪視挪威老人就業中心，當時他們已在培訓銀青不同世代在職場上該如何溝通。在臺南，學農的場長告訴我，他也教導年輕人，要學習用長輩可理解的方式溝通，以便農場運作。

從臺南的例子看來，臺灣正在發生芬蘭與挪威已出現的機會和挑戰，這讓年長一輩的人得以繼續上班，有薪水、有尊嚴、有快樂、不孤寂，並維持生活步調的節奏。未來若市場需求擴大，可能還需要更多的包裝人手。可見政府在各縣市拚命投資、推廣數百個社區關懷據點，讓長者們都去關懷據點吃飯、唱歌、享福利之外，也可以有另一種選擇：就是大家繼續保持生產力，藉工作延緩身心失能。事實上，許多熟齡員工也覺得，來上班領薪水，比去關懷據點坐坐更有尊嚴，即使他們都符合去關懷據點的資格。

在高齡少子的社會現況下，我們的政策是否該調整一下？勞動部門推廣高齡就業的思維，是否可以更寬廣？臺灣是很有前途、可以讓更多人貢獻一己之力的，同時也可以讓更多人不被困在家裡，得以發揮自己的專長。這樣不是一舉多得嗎？

# 8・高齡者的性倫理

在不斷失去的歲月中，愛是支持人活下去的意義，正因渴求愛，才有更多陪伴與性的需求。隨著人口高齡化，我們不應漠視長者對親密情感關係的需要，唯有正面應對和多加討論，才能找出填補長輩身心靈需要的最佳方式。

有位住在安養機構的長者，向照顧人員知會性方面的需求。後來護理人員與主管商量後，認爲外籍看護對性界線比較寬鬆，於是情商提供外籍看護定額金錢，滿足這位先生。主管還特別強調，並無徹底的性行爲，所以不到性交易的程度。

這做法在長照界引起討論。因爲不回應長者不太對，但要是請外籍看護這麼做，如果外籍看護後來翻臉怎麼辦？

而且雖然主管認爲有徵得外籍看護同意，然而外籍看護受雇於機構，在這種權力地位處境，如何確認眞是同意？主管有問過法界人士嗎？就算合法，這做法於情於理，是否適當？

護理人員自己都不願意，還讓外籍看護去，難道只要不是發生在自己身上就沒關係？

這只是高齡化社會性問題的冰山一角。隨著人口高齡化，性問題愈來愈多，有必要多多討論以維持照顧品質，降低倫理爭議和衍生問題。

不久以前，在樂齡大學裡，許多同學熱烈討論這類議題。說議題而不說問題，是因爲這類話題未必都是爭議。性是基本需要，但是否只出於肉慾？長輩們的期待又和年輕人有何不同？

同學共同的看法是，肉體期待因人而異。除此之外，他們關切的還有若夫妻中有一人離世，還活著的希望再有伴侶，子女反對怎麼應付？有些子女不但擔心面子問題，甚至會擔心外人來搶財產。

這點引起很多迴響。的確有些機構不斷接到長輩子女的電話，希望他們能看好長輩，不要讓長輩受騙。但隨著更深入的討論，眾人發現再婚的原因不一定在於性，以此滿足情感需求，才是最重要的。

這不是新鮮的結論。二〇〇五年在歐洲，當多個國家公共電視發動大型教育訓練「Age into Focus」，要媒體減少製造老年刻板印象時，愛與性就是當時所提出的主題之一。該計畫表示，媒體不應避諱長輩有愛和性的需要，因為晚年是失去的歲月。在這種處境中，愛是支持人活下去的意義，而陪伴與性都是愛的方式。因渴求陪伴，所以有更多愛與性的需求。

我有位荷蘭朋友結婚五十年喪偶，後來再婚。這位先生直到目前失智，都還和伴侶相互照顧，也是佳話。

回顧本文一開始的故事。姑且不去評斷護理人員決策的是非，但或許可從其他角度提問：這位長者孤單嗎？例行照顧有讓他得到愛嗎？而阻止父母再婚的子女又是否想過，當自己上班有交際，下班有休閒，回家還有年幼子女為伴的時候，孤家寡人的長輩處於怎樣的生活？

再從歐洲媒體計畫想想臺灣，目前為止，我們的連續劇少有描述長者親密情感需求的故事，倒是新聞偶爾報導怪叔叔性侵等極端負面事件。臺灣有這麼多論壇節目，卻很少談這類話題。這和只是找泌尿科醫師談性功能，或者找些名嘴性學專家還是不同。

用錢換取外籍看護默許某些接觸，是在打發被照顧者，還是填補長者身心靈需要？長者又能從中感受到多少活下去的意義？

過去臺灣有些公立安養機構，定期帶隊滿足長者需求，還引進鋼管木瓜秀與若干紅包場塞錢方式。這些活動很刺激，但刺激後究竟引來什麼後續問題，沒有人探討。

能滿足長輩的，眞是這樣的活動嗎？若是您住的機構常辦這種活動，您的感覺如何？隨高齡者增加，日照和居服過程中，將會有更多相關議題產生。在忙碌照顧過程中，除了將性簡化爲肉體需要，進而詮釋爲避免性騷擾，和設法打發長者需要，是否還有可以創造多贏並符合情理法的處置方式？或許第一步是要能夠有更多討論，讓大家看見長者被愛的需要，也讓不同處境和生命背景的長輩，能將晚年生活意義最大化。

# 9・安樂死，真安樂？

安樂死很容易成爲話題，因爲當中有各種立法及衍生的諸多細節，是很深刻的事情。除了倫理爭議，有些悲劇常因失去外界支持、找不到人生價值而衍生，若大家能協助當事人找到出口，或許能過濾掉一些「假性」需求的安樂死！

有人向總統提議安樂死合法，發起者算名人，話題具爭議性，投書對象特殊，成了新聞。在這社群媒體發達的時代，經積極使用者一散佈，很快形成一種假性主流民意，讓大眾以爲這是多數人的意見，或讓政治人物認爲，這是可以跟隨操作的民意。

我曾在一九九六年拜訪荷蘭安樂死協會，目睹一排接線生忙著諮詢，但就算提供諮商的人認眞中立，民眾不見得會仔細聆聽全部意見，或是只聽他們想聽的，漸漸你會發現，光是「安樂」這兩個字，就有很大的討論空間。

荷蘭自由開放的文化，讓人有解放痛苦的遐想。然而，在二〇〇二年曾有荷蘭媒體報導，安樂死合法化後，有數萬失能老人離開荷蘭，特別是跑到地緣和語言相近、又對醫療倫理限制更嚴的德國，原因就是怕安樂死合法後被「不樂死」。臨老出國，不是想去 long stay 而是保命，令人情何以堪。報導引述德國哥廷根大學的調查，表示約有四成一的安樂死不是眞正的安樂死。儘管醫師不當執行可能被判十二年徒刑，但重視法律規定的人有多少，卻是誰也不知道。

安樂死很容易成爲話題，卻不是很容易討論的事情，生命的價值是否眞的可以從外表和耗費資源、或對他人的負擔來決定？

如何避免被別人認爲無價值而被安樂死？一個連食物造假都不吭氣的社會，安樂死合法的後果如何？要是執行上令人存疑，未來臺灣的失能老人能逃去鄰近哪一國？

安樂死除了有倫理爭議，更值得深思的是，也許有些人並不是眞的爲病魔所苦，而是因老、病失去位份價值，和以往的地位名聲落差過大而痛苦。幾年前，有一部關於瑞士作家安樂死的紀錄片，片中主人翁因受不了頭暈，無法繼續當名作家，覺得失去生活品質，因而致電安樂死非營利組織執行計畫。頭暈雖痛苦，但是否有更多痛苦是來自自覺失去價值？不久前，有位九十六歲的老人受訪說不想活了，當事人雖比其他老人健康，卻覺得人生無趣，如果他能和大家分享如何活得又長壽又健康，是不是更好呢？

在芬蘭、挪威、丹麥、荷蘭等地，常看到許多又病又老的基督徒，以「壓傷的蘆葦不折斷，將殘的燈火不吹滅」來自勉，儘管全身老到不能動，在床上還用心用口，為照顧他的護理師禱告祝福，活出在世間美好的最後，也激勵了見證這一幕幕的無數醫療人員，讓他們知道這種安樂死，和主動打藥的安樂死是不同的，甚至讓照顧者從中得到更多。

安樂死可以討論，這裡面有上千種不同選擇的立法和衍生的執行細節，千萬不要輕易說你贊成，因為你尚不知道臺灣會怎麼做，這比早餐要吃燒餅還是包子複雜多了。

隨醫療進步，減輕痛楚的方式愈來愈多。不過度侵入性積極治療和安樂死也不同。安樂死究竟給人盼望？還是如同更無助下的抉擇？討論這個主題之前，何不收集各種更先進、更能降低痛苦的晚年照顧方式？許多悲劇是在斷絕外界支持、外加情緒跌落谷底而產生，但其實還有很多出路，只是未能及時提供。甚至可多參考其他有類似處境、但能平安度過的人，或許也能從中找到不同的出口。

在我們有限的生命中，或許還有更優先的事情要關切。首先，應該讓更多人不因退休、離開鎂光燈而失去價值，看看僅剩一口氣的價值，還可以建立在哪裡？相信只要尋求，並進而找出這個問題的答案，恐怕就可過濾掉許多「假性」需求的安樂死！

# CHAPTER 2

# 兼顧生理與心理

# 1・嚇壞荷蘭護理師的「臺灣腳」

一位長者受到長期照顧，爲什麼他的腳受傷，傷口直到惡化發黑都無人處理？難道他自己沒感覺？照護者或家屬無人聞問？或有其他難言之隱？臺灣才剛起步的「長照」制度出現了什麼問題？如何落實「全人照顧」？荷蘭有哪些長照制度可以提供給我們參考？

這眞是一個讓人聽了難過的故事，但也希望這個故事可以爲臺灣長照推展帶來省思與改變的契機……

有位專長傷口照顧的荷蘭護理師來臺，在臺灣居家護理師陪同下，順道參訪臺灣的居家護理現況。荷蘭護理師到了一位長輩家中，看見長輩小腿以下不但呈深綠色，甚至有點發黑，一下愣住了！他語帶驚訝直說：「這是不可能的啊！」

這位護理師的反應是，至少這在荷蘭是不可能發生的事。其實，這驚嘆聲背後也隱含另一層意思，就是在一個算是醫療先進的臺灣照顧體系下，怎會讓長輩腳上傷口或病變惡化到這樣的地步？這位荷蘭資深護理師認爲，從有傷口或是有問題的腳，演變到整個小腿發黑，不會是一、兩天的事，且演變到這地步可能只有截肢一途了；但家屬卻說沒錢，也不打算截肢。這情況讓荷蘭護理師納悶，腳的傷口演變至此需要時間，怎麼可能在整個演變過程，都沒有人發覺，甚或沒有人來協助處理？

陪同的臺灣居家護理師，也是個資深敬業的從業人員，他解釋此案可能原因是，目前臺灣長照制度下，是先由照管專員評估長者傷口後，聯繫居服員和居家護理師前來照顧，如果被照顧者並未積極就醫，加上家庭衛生與經濟環境因素，就有可能快速惡化。

居家護理師進一步補充說明，臺灣目前居家護理制度，對各種照顧訂有計算給付方式和對應的職責。例如，開案指出要做的是換鼻胃管，換一次價錢一千多元，那麼居家護理師到客戶家時，就是直接換管，換管完成就算是完成責任，可以請領給付。通常在這過程中，不會關注客戶身體是否有其他傷口。

目前長照制度下的居家護理項目是由照管中心決定，這樣居家護理師的換管服務，就會因爲換什麼管而決定多久時間到客戶家一次。這意味著這位被照顧者的腳，好幾週才有機會被看到一次，而且還有個前提是，居家護理師來換管時，是否會同時關注客戶的身體狀況，詢問客戶和家屬？更重要的是，居家護理師是否認爲有時間多談些與換管無直接關聯的事，對客戶是有意義的？

對於這種現象，有學者認爲，是護理人力不足，也有人認爲與第一線照服員專業養成不足有關；更有學者認爲，問題出在臺灣護理師養成時缺乏足部照顧知識。但這些都是沒有全盤思考長照制度而產生的問題。

若眞是缺乏足部照顧專業知識，試問，當居家護理師發現客戶有褥瘡（壓迫性潰瘍）而不是足部問題，又會如何做？事實是，在現行制度下，多數居家護理只配合給付、職責行事，其他非給付項目一概不管，或就算想管卻無力管，這才是最關鍵的問題吧！

原始的護理教育倡導「全人照顧」，近年又重視連結資源，鼓勵重視專業倫理。除了急性治療的醫療院所，長照該如何落實？除了照顧品質和客戶權益外，是否更應該想想，早期預防的介入，避免後期產生的醫療成本？這雖不是目前長照制度下最重要問題，卻是可以讓有限資源充分發揮效益的方法。

推動長照本有連續性照顧和社區化照顧的美意，希望形成照顧網，讓國民健康能眞正被重視，讓資源有可近性。臺灣 ABC 級照顧據點制度，除了鼓勵業者投入產業之外，至少還帶有一點點更完整照顧的期待。

那個嚇壞荷蘭居家護理師的「臺灣腳」何時能減少，甚至消失？荷蘭制度有幾個預防制度：一、居家護理職責界定；二、居家護理給付界定；三、傷口護理知識養成。這是值得我們借鏡思考的三個方向。身在臺灣，有誰願意看到幾年後上述故事仍持續上演？

## 2・請重視老人的腳

人一旦年紀大，全身肌肉縮減，腳的神經就容易受壓、感到疼痛，甚至衍生出更多複雜的疾病。臺灣缺少普及如國外的專業足部照顧治療課程，對腳的問題無法防患於未然。但願不久以後，我們和國外一樣有足部預防照顧服務，提供更完備的早期預防系統與服務，讓更多老人快樂趴趴走。

目前臺灣開始投注許多心力資源在老人照顧，並時時以預防爲口號。但談起積極預防，迄今還有許多可努力之處，例如腳的照顧。

### 值得臺灣借鑑的足部護理專業

第一次覺察腳的照顧服務是在十年前訪視挪威，發現他們的老人活動中心普設足部照顧

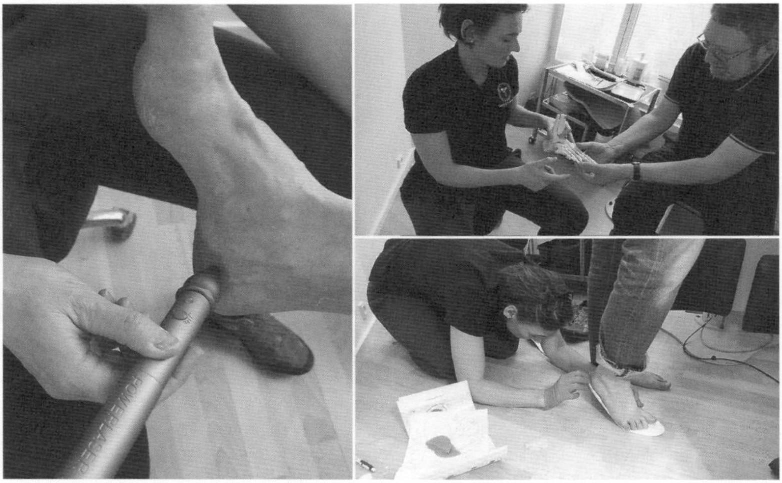

因有完善足部照顧學校而非常普及於街頭的丹麥足部照顧工作室。

區，形式如牙醫診間，服務者尤以女性爲多。因爲足部能健康行走，才能參與更多活動。

後來才知道挪威、丹麥等許多國家，都有足部照顧學校和課程。學員畢業後，可以獨立開業或四處服務，是社會需求廣大的行業。業者會協助檢測腳部受壓程度並預測後續問題，可以製作特殊鞋墊，也能處理健康老人、糖尿病、癌症等各種足部問題，儘量防患於未然。

另一方面，過去講防跌，殊不知許多人摔倒不只是力量和平衡，也和腳的感應與健康有關。更重要的是，糖尿病患者的腳，是有可能截肢的。雖然臺灣已經做到傷口處理，但我們還需要沒有傷口時的預防處理。

## 肌肉隨年齡增長縮減 務必注意腳部保養

臺灣的足部養生按摩雖然熱門，還可順便修腳皮，但在衛生安全和衛教方面，和完整訓練的足部預防護理還有很長的一段距離。常見女性穿高跟鞋改變施力，讓腳跟因不當使用而縮短，或是一般人愛穿的夾腳拖，外加天生腳型與腿型，都可能讓腳發生問題，輕者讓腳皮變硬、破裂，或是發炎、腳指變形，重者即使開刀也不會全好，很容易繼續蔓延，要是不開刀，繼續放任不管，終有一天會隨關節、骨頭老去，而加速變形。

人上了年紀，全身肌肉縮減，腳的神經更容易受壓感到疼痛。要是有糖尿病、吸菸或其他血液循環問題，則又可能造成重壓與傷口沒有應有的感覺，演變成可能會感染全身的問題。

## 重視專業足部照顧 避免惡化

在實際訪察長照機構與居家服務訪視時，可見到許多腳指甲、腳趾、腳部皮膚或整隻腳有問題的長者，也有腐爛到腳指甲內、皮膚和骨頭的。甚至在健康老人為主的樂齡大學，也可以看到很多即將有問題的老人腳被忽視。這些不怪照服人員視而不見，而是因爲我們的教育導致照顧者缺乏素養，只好任由他去，甚至將剪指甲推給家屬，避免流血感染的風險與糾紛。一旦嚴重到光開藥也無法治療時，就只有動手術。這時，往返醫院、住院、手術、不能工作等，都是很大的醫療與社會成本，當然也影響生活品質。臺灣迄今沒有如他國的專業足部照顧治療課程，也沒有立法規範「足療師」這種職業類登記。一般民眾看診多半掛皮膚科或外科，尤其老人經常受限於許多因素，可能根本沒去，或一直等到問題很嚴重才就診。

## 發展專業體系 創造多贏老人國

當老人人口增加、外科醫師不足、健保吃緊之際，我們實在有必要儘快跟上腳步，發展更專業的足部預防照顧學習體系和就業體系。以臺灣學制和法規現況，爭議最少、最容易起步的機會，就是在大專護理科系設置，或附設兩年制專業課程。

但願不久以後，我們的關懷據點和日照中心，或社區、居家服務，也開始和他國一樣有足部預防照顧服務，這樣不但可節省大量社會成本，讓更多人快樂趴趴走，又讓年輕人有前途，有更完備的早期預防系統與服務，不是多贏的老人國嗎？

# 3・吃飯可以配豆腐乳嗎？

吃這個不行，吃那個也不宜？年紀大了，就一定要少鹽少油少肉少添加物……？其實在不妨害健康或藥物衝突前提下，何必過度干涉年長者吃的樂趣！只要適度修正不當飲食，銀髮族照樣「呷百二」。

我一位朋友是安養機構負責人，聽他說近日有評鑑委員來參訪機構時，看到長者吃飯配豆腐乳，便說豆腐乳不利長者健康，要求安養機構要改進飲食。因爲在評鑑委員的認知中，要完全經過設計的餐食，才是眞正符合長者需求。

「吃飯配豆腐乳」這件事引了起諸多議論，不僅讓該機構長者和營養師爲此睡不好覺，當消息傳出後，也引來多位長照工作者聲援長者，認爲吃豆腐乳如果對生活樂趣有益，爲何要強制改變長者的飲食？還有人建議，應讓評鑑委員面對面與長者談話，實際了解他們的想法，因爲對有些長者來說，每餐可以吃到喜愛的食物，是一件快樂的事。

吃是很主觀的事，沒有人喜歡別人指指點點。政府花錢請專家進行評鑑是爲了監督機構的品質，但整件事演變到最後，好像沒有人因此變快樂。當然，長者吃進了什麼，完全都不顧慮，只管快樂，也不一定是周全的做法。

那麼究竟該怎麼做才好呢？可以從以下幾個面向思考：

一、**客觀看食物的製成：**例如，豆腐乳內含什麼原料？可能有防腐劑或添加物，也有可能是鹽分多，未必有防腐劑或添加物。

二、**吃的人的健康條件：**對慢性病或洗腎者來說，進行飲食控管有其必要；但也不是絕對禁止觸碰，還是可以在醫師、營養師建議下適量攝取喜歡的食物。

三、**尋找替代食物：**若在照顧過程只是一味禁止，卻又沒有替代方案，只會帶給當事人困擾。所以應該根據當事者喜好，找出替代食物來滿足。

四、**個人體質與生活型態：**曾有兩位愛喝酒的長者，一位幾乎形同成癮，另一位說他一定會早死；但事實是現在那位喝酒成癮者已經九十五歲了，還好端端地活著，說他的那位長者則已經過世五年了。所以每個人的健康狀況，除了體質外，也要看生活型態。

五、**對個人特定、重要的程度：**每個人各有其特別在意的生活價值或生活模式，如果不侵犯到他人，何必干涉太多？也許食物對當事人來說有特別的故事，他們利用吃來找到或維持某些生命意義。

**六、藥物衝突：**有時單一食物沒有嚴重問題，但若正在服藥中，則可能產生交互作用。高齡者普遍罹患有一到多種慢性疾病，每日服用多種藥物情況下，必須留意排除飲食與藥物的衝突。

照顧長者不必因爲過度顧慮，而將所有長者都當成患者，也不要害怕因照顧惹出麻煩，而剝奪長者享受的機會，重要的是與長者的溝通態度。

我記得在丹麥照顧服務學校參訪時，有一位老師特別提到，不要讓長輩覺得他做什麼都是錯的，這會讓長輩更不愉快。長照走向專業化，是幫被照顧者改善他們的生活品質，或尋求更多方法改善生活中的兩難，甚至要從倫理知識討論怎麼因應，才不會失了人味。當然也不可過度隨興，避免不確定性風險無法控制。

丹麥的公共電視曾播出促進健康節目，協助民眾改善日常飲食，其中有位女士愛喝可樂，她也知道這對身體不好，但已經喝習慣了，自己也不知該怎麼辦。營養師爲她嘗試設計各種替代飲料，後來找出以薑汁混一點糖的替代方案。

修正錯誤飲食習慣，需要個別了解，這樣的耐心和專業，與一句不要吃，對當事人來說，哪個方法更容易讓人接受，且願意改善？其中差別顯而易見。

吃是許多人的大事，尤其年長者因爲行動受限，更感覺吃是重要的享受，以及自我控制生活與生理上的滿足感。如果年長者平常沒有其他娛樂或與人互動，吃的樂趣更是他生活上的重心。有了這樣同理心，評鑑委員還會不會撞見人家快樂享用豆腐乳，就丟一句「不宜」，讓年長者和營養師苦惱好幾天？

# 4・美食與健康如何兼顧？

到底長輩該不該在有限的生命和空間裡，盡情地享受食物？該依照專業，還是該完全忌口？這不是非黑即白的問題。透過良好的溝通，不但可以巧妙化解衝突，還能帶給他們幸福感。

好友是安養機構的老闆，最近爲某事感到遺憾。該機構的營養師按營養熱量與個別健康狀況配比，來決定供餐量。某天老闆意外發現，有位長輩愛吃豬腳，他的家屬提一鍋豬腳讓他吃個過癮。老闆覺得沒有照顧到長輩的需要，還讓他的家人這樣補充，所以想調整供餐，不要再依照營養專業規定；另一方面又想到長輩來日無多，能快樂就快樂。

這個故事有人性溫暖的一面。營養師持守營養學專業而做決定；老闆意識到更廣的層面，希望帶來當下更好的生活品質。誰都沒錯，但是否這樣就是最好的選擇呢？

在眞實的長照情境，至少有兩個層面可以思考，第一個想法倒不是「就給他吃吧」，而是要留意溝通方式帶來的影響。此外，並非所有的長輩都能行動自如，活動範圍有限時，吃是基本需要，也是獲得幸福感的主要來源。

我曾看過兩位居家服務的營養師，一位見到長輩打開冰箱，就對長輩說這樣不好那樣不對，長輩嚇得趕快把高粱酒藏起來。另一位營養師則和顏悅色，幫長輩找更好的安排。有時不良的溝通，甚至可能導致長輩賭氣而拒食所有食物，反而更糟。

曾在丹麥見習長輩照顧，他們很重視溝通效果。有次老師說，不要讓長輩覺得做什麼都不對。要是專業照顧人員離開後，長輩獨自在家悶悶不樂，就更不可能配合衛教了。

因爲吃的問題而導致溝通衝突的例子，在臺灣時有所聞。除了專業照顧人員與長輩之間，還有夫妻以及子女身爲照顧者的衝突。妻子有糖尿病，丈夫爲了表示愛護之責，也怕她失能而更難照顧。只要每餐有點心時，當妻子正要拿起食物或張口，就干預斥責，搞得她因爲害怕挨罵，而餐餐痛苦。

至於子女照顧父母，有些很重視醫囑，常對長輩嚴正提醒，不可吃這喝那。但長輩已經覺得水沒味道，一定要喝麥茶、果汁。如果不給喝，水分吸收少，就容易導致尿道發炎、便祕。

良好的溝通對長輩幸福感的影響，很值得大家注意。到底該不該讓長輩盡情享用食物，以求得當下的快樂？這個問題未必是非黑即白。例如丹麥有個健康促進的節目，每集邀請來賓接受三個月飲食調整，並追蹤拍攝。有位女士愛喝可樂成癮，造成肥胖和其他健康問題。節目主持人是位營養師，經由不同方式的探索溝通，了解當事人喜歡喝有味道的飲料。營養師建議當事人試試看薑加微糖水，她也接受。

晚輩爲了表達孝心帶豬腳讓長輩解饞，但是否要做一大鍋？是否有其他口感類似的東西可以替代？長輩牙齒不好，想吃容易咀嚼的食物，或許豬腳可以連結過去的美好回憶，我們再多了解一下，可能有更多選擇讓長輩感到快樂。營養師專業堅持、老伴的愛心、子女的孝心，這些在長期照護上未必成爲問題。

若是來日不多，大快朵頤無可厚非。法國有位總統知道自己罹癌，趕快要人去訂一大盤生蠔。許多長輩生活在有限空間，食物是取得快樂的來源，我們要予以尊重。適當飲食的第一環始於良好的溝通。好的溝通讓人覺得被重視，避免傷人。營養師或負責這類工作的專業人員，除了背魚肉奶蛋根莖穀物和計算熱量，若能在溝通多下功夫，並根據不同個別特性設計轉換，並適度的引導長輩身邊的家庭照顧者，這才是眞正的專業。

或許有人說，哪有時間力氣爲個人量身考慮？但當我們累積愈多經驗，就更知道如何幫助人，至少我們還可以隨時精進，不要畫地自限，並借鏡其他國家創造長照知識的過程，若臺灣持續進步，我們的長輩將更有福。

## 5・非藥物照顧的重要性

生病看醫生，是爲了避免病況耽誤危及生命。但進入長照之後，藥物治療是否仍是唯一、最佳的治療方式？在挪威、丹麥等國已經開始嘗試在長照、安寧照顧引入非藥物照顧，在醫療照顧之外，將失能者的生活照顧也納入，提升他們的生活品質。

荷蘭一位失智長輩，總是帶著敵意，但當有人播放他熟悉的音樂後，他放鬆了，進而想起以前美好的生活。

挪威有位一直把雙手舉在胸前發抖的失智者，大家都猜不透是怎麼了，其實他希望有人能給他聖餐。在得到期待的聖餐後，便改變了情緒。

臺灣屏東有位罹患巴金森氏症已二十六年的七旬婦人，早已不說話了，但當有人帶來大提琴，加上她先生的引導，她竟然開始唱歌、講話。

以上的例子屢見不鮮，許多照顧者和醫師發現，失智者與失能者可以透過感官快樂緩和病情。只是在現實環境中，卻仍有許多照顧家屬和專業照顧者，選擇採用藥物來「照顧」、「治療」。

根據馬斯洛的需求層次理論，人活著有不同層次的需求。面對急性生理疾病，的確需要各種強力醫藥手段來對付，在最短時間內改善疾病。但是進入長期照顧，生活品質提升並非來自藥物；相反地，許多讓病情惡化的因子，是肇因於溝通、行動能力漸失，而被剝奪的生活期待。

固然有許多疾病治療受惠於現代藥物，但藥物也存有各種副作用，尤其對長者、失能者是很大的負擔。挪威政府曾統計過，長者們平均每人每天會用五到八種藥物。過度用藥的後果，可能有暈眩、跌倒、反應遲鈍，還有器官功能受損，甚至失去生活樂趣等問題。

在丹麥的安寧專責醫院也發現，被轉介到院的患者，因爲不再服用一大堆藥物，生活更快樂，身體反而有好轉的跡象。這讓醫護人員開始反思非安寧病房的照顧方式，以及照顧倫理。

我曾在南臺灣某護理之家看到，因人手不夠加上便於管理，所有住民都可隨時用鎮靜劑來控制，服用了就會減少活動，一早即一群人低頭安靜地坐著，等到中午被喚起吃飯，胸前被掛上報紙就開始餵食；甚至有些住民因長期臥床，被直接灌食或躺著餵食。我常想，這就叫

「照顧」嗎？

近年國內醫療機構，開始針對慢性病患進行用藥資訊整合，避免重複開藥。但是，除了老年醫學要努力降低用藥量，找出長者必須用藥外，與長者生活方式有關的照顧，應該才是眞正影響長者生活品質的關鍵。

換句話說，長照不是每天忙著按時吃藥。這是所有醫護人員與專業照顧者，必須要有的體認。就全人照顧概念來看，失能者除了醫療照顧之外，生活需求是否也應納入照顧設計的一環？

因爲對這些理念的理解與認同，以色列海法大學，已經開始設立藝術治療學院。更早之前，荷蘭大學也有藝術治療系。藉由音樂、美術等五感相關的各種整合創新服務，刺激腦部與身體；這不是爲了讓失能者殺時間，而是眞的有助於治療。

在臺灣，講「治療」很敏感，因爲這是醫護領域，以致連音樂治療等非藥物治療，在臺灣得稱「音樂照顧」，至多稱音樂「輔療」。急性醫療確實可治癒許多疾病，但是長照領域不同，不是所有治療都能達到治癒目的。如果不用吃藥就能改善失能者的問題，何不爲之？

非藥物照顧可以成爲一門行業，長照需要這樣的專業人才加入；非藥物照顧不只是唱歌和遊戲，更不是抱著「我在治療你」的態度進行，而是要幫助失能者能夠延長獨立自主的時間，且過著有品質的生活。

許多國家已經明白非藥物照顧的意義，大量培養相關專業工作者，也在醫學等領域養成人才。臺灣是全球銀髮族增長最快的幾個國家之一，正在起步的長照專業，應該要往專業方向前進。我們要再加油，不是爲了搶排名，而是爲了給失智、失能者更有尊嚴與價値的生活。

# 6・專職活動帶領者 啟動老人心

活動並非只爲殺時間，而是爲了品味人生，繼續過有意義的生活。除了醫療照顧，年長者還需要專業的活動規劃，照顧心理上的需求。如何讓年長者的心保持青春活力，將是未來銀髮照顧的新趨勢。

在挪威斯塔萬格市（Stavanger）老人安養機構，上午十點看到很熱鬧的活動，護理部主任持手風琴和其他十幾位志工在一起，由照顧人員和實習生一起在活動大廳陪老人起舞，連坐輪椅的也一樣樂在其中。一個上午下來，大家血液循環和幸福感都直線上升，散場後很少有吃不下的。

## 從挪威、芬蘭到以色列 用心讓老人動起來

除了定時的音樂舞會，地下室還有偌大的工作間，這裡有許多漁民出身的老人；職能治療師隨時等候大家來做手工。有許多和漁村生活有關的作品，還有好幾個談話角落，甚至有間和船上甲板設施很相似的房間，搭配燈光提供多種休憩活動的彈性空間。這家機構聘有三位專職活動帶領者輪班，他們要設計、帶領活動，並且張羅社區志工等一切推動活動所需要的資源。

在斯塔萬格市郊區另一全失智安養機構，看到護理師出身的演奏家正在演奏廳爲二十位失智老人彈唱包括 *you raise me up* 等多首動人歌曲，當然也不忘穿插當地特有腔調的地方歌曲。老人一排排，照顧人員穿插坐在其中，也很陶醉。這位護理師現在已經成了專職演唱者，排了行程遊走各機構。

在芬蘭，一家以不多花錢和人力，就能改善照顧品質而出名的六十六床安養機構，早餐後有專職活動帶領者陪老人看老照片、讀詩集，再進行「常用字彙輪流猜」的遊戲。帶領者持著一個漂亮的老式菜籃，裡面盡是各種遊戲，像是打彈珠、拼圖等。

比利時護理之家重視生活品質，而後更名為生活照顧之家，並有專責活動帶領者。

在荷蘭，一家一百三十位失智老人的機構，一進門就像逛園遊會一樣，各種攤位都是活動區，有如超市的花店、美工雕塑間等。負責人說，這裡聘有十三位專職活動帶領者。

在奧地利東部一個教會經營的優質安養機構，負責人辦公室有個看似輔具的立型推車，原來，那是移動豎琴用的。這家機構也聘有一位專職的活動帶領者，他原是音樂老師，轉職來此服務。這裡的失智老人仍有豐富的手工產出，還能銷售。

在以色列的全失智照顧機構，醫療小丑來了，他換好衣服，先從職能治療師處了解老人今日狀況，之後逐一與他們互動。打盹的老人眼睛張開了，並且露出微笑，因爲醫療小丑了解他們。這小丑其實是專業演員，除了在圖書館說故事給小孩聽，以及到醫院扮演各種病人與醫師協助教學外，就是排行程到各機構爲老人帶活動。

## 要活就要動 不只為了殺時間

從國外各種例子中，似乎可以看到一個機構照顧的趨勢——就是提供很多樣的活動，機構大者自己有專職活動帶領者，較小者則由專職活動帶領者巡迴服務。

華人也說要活就要動。這不是新鮮的觀念，然而，帶領活動的分工愈來愈精細專業。這裡說的活動，不是純爲復健按著節奏在機器上來回，而是更豐富有趣、讓人覺得活下去有意義的活動。

爲什麼要找專職者？因爲機構經營需要照服員，他們忙於每日例行的生活照顧，比較沒餘力專注帶領活動。老人雖失能，卻不是全不能感受、只能天天等吃藥、看病到死。活動不是爲了殺時間這般消極，而是品味人生，繼續過有意義的生活。

由於機構裡的老人多半無法自行大範圍地活動，若有人引領，從視覺、嗅覺、觸覺、聽覺、味覺等各方面按個人需要和可接受的方式提供活動，不但生活有意義，也降低照顧衝突，更能帶動身心活化。

在臺灣，常見機構老人營養不良、無精打采，重複因疾病來往醫院領許多藥卻無顯著改善。表面看是因爲失能老化或藥石罔效，但怎麼他國機構就不是這樣呢？有無適當活動？活動的品質如何？是一個可以觀察的角度。

目前臺灣的長照機構有專職活動帶領者的不多，提供治療以外的活動服務還有很大空間。雖然有的機構添購了器材，甚至頗爲昂貴，但問題在有無了解器材和活動的人帶領，才可發揮功能，讓老人做得快樂。

有了專業的活動帶領者，活動就不會便宜行事，一大群老人裡，總是有人容易被忽略，被疏離者只能自己認命。有專業活動帶領者，較能提供穩定的服務，活動的目的不在成全帶領者的成就感。這和因人手不足又開放外來各慈善團體進入不斷拍照，讓一群老人跟著口令做動作的氛圍大不相同。大家將心比心，如果您自己住在裡面，會希望什麼樣的活動呢？

## 如何啟動老人的心 考驗照顧者的專業

臺灣的長照若從媒體呈現的政策報導來看，非常重視錢的分配、爭取財源和醫療給付。其實若能增加與照顧者搭配的專職活動者，更助提升老人的活動動機，而不只是診間醫師的耳提面命，出門就化爲烏有。

即使科技再發達，有各種電腦活動，老人還是需要有人幫助，因爲互助支持引領，使人感受到自己是人的存在意義。在例行的健康照顧與照顧者接觸外，若有更多專職活動者帶領，而不是吃完飯吃完藥就晾在客廳，歪著鼻胃管你看我、我看你，偶而照顧人員走過推他、摸他一下，給點刺激看他還活著否。

過去臺灣長照機構的編制主要有護理人員、照顧服務員和社工等。活動不是等外面的人來，就是照顧人員兼職，有一搭沒一搭，等到外籍看護多了，老人的活動更少，曬太陽、吹風、聽一群外籍看護講聽不懂的話，成了主要活動。

愈來愈多機構重視裝潢，但若眞的住在裡面，希望天天感覺到有人味，就需要活動，需要有人帶領。是愼重考慮照顧編制的時候了。以醫療或社工爲主導的制度設計者，需要正視並接納非醫療和社工之外的專才，當然，由職能物理治療師轉任也可以。倘若忽視活動的重要性，使高齡者生活品質的低落和醫療負荷加重，都是無形的損失，代價很可觀。讓專職活動帶領者啟動老人的心，舒緩照顧壓力，眞的是更有遠見、符合專業照顧的做法。

# 7・荷蘭農場善用自然療癒 失智、休養一起來

看過臺灣最新的日間照顧趨勢後，荷蘭對失智者又有什麼新的服務呢？在荷蘭的艾克霍夫農場，失智老人除了和一般人共處，在輔具的幫助下，即使行動不便的老人，也能興致勃勃地回歸自然，進行農作和各種手工藝！

早上八點多，在荷蘭中部大型超市當經理的尼可，以志工身分到失智老人范得海家門口接他，與此同時，還有好幾位志工從各方接老人，到艾克霍夫農場。這是個帶有自然風味和多樣選擇的活動場所，讓許多失智和身心障成年民眾，感受生活價值與生活品質。

有些日照中心爲了提供服務，經常想著要買新器材，但其實這並非必然，像范得海就自己準備了一個公文皮夾，裡面有退伍軍人雜誌，以及最新版的聯合國維和部隊刊物。他退休前曾擔任維和部隊，去過埃及等許多國家。來這裡，可以和去過巴紐的朋友聊天，也和照顧人

員分享他的故事。

## 以巧思打造舒適療癒氛圍 失智者的費用由稅收和年金支付

這個照顧農場每週接待七十位失智老人，還有二十位有身心障礙或工作過度耗損需要休養的人。

農場建築物有大廳區、餐廳區、廚房區、工作區、溫室區、動物區、寵物區、農產加工區、代售附近產品的超市、對外開放的餐廳區、外圍廣大的大型牲口放牧區，和更外圍眞正在例行生產農產的農業區。

七十位經過醫療體系診斷罹患失智、並符合資格的長者，分散於週一到週五的白天來到這裡。來此活動一天，每人的營運成本約七十二歐元，這筆款項從政府稅收和個人年金抵扣，老人來此被照顧不需再繳錢，但每天午餐需自己付費。

這裡一天運作流程從上午八點半開始，工作人員聚集開會討論預備服務。主要有主管海莉和三位活動帶領者。照顧比是一比八。海莉說，照顧有一定容量，不會因爲爭取更多經費而增加客戶，一定要預約才能來。除基本工作人員，還有若干志工負責廚房供餐，另有少數客戶的家人會一路陪伴長者過來。

九點前後，志工開著照顧農場的接送車從各方接人過來。從下車位置走到活動主大廳之前，有樹藤遮蔭的長廊，長廊有許多椅子，可以聊天或做室外活動。

這裡視野遼闊，什麼都不做，看著遠方也很舒服。中午簡餐，午休後有戶外小團體活動。穿過植栽棚架區進入大廳。是規劃像家一樣的超級大客廳。這裡每天接待二十位左右老人。可以選擇看報，也可參加各種活動。由於空間夠大，不會互相干擾。但也因爲空間大，爲了便於管理，工作人員有標示明確的黑色名牌，以便在廣大的空間，容易辨識志工與工作人員，這樣要是有人被誤以爲走失，只要看到一旁有工作人員，就知道不用擔心。

工作人員標示牌儲存區旁，有個裝有許多迷你木條的大木盒。每個木條就是工作人員和老人的名字。木盒裡分格成幾個格子，每天調度安排不同活動時，將所有人名木條放在各區，這樣一來，每位管理人員隨時都能知道誰在哪裡。

## 專業活動帶領者不設限 失智也能重回生產

大客廳每天有猜字、懷舊音樂會等各種活動。帶領的人有大學藝術治療系畢業的，也有高職活動帶領科畢業的，而不是社工或護理師，也不會以醫療機構來評論活動帶領者的資格。因爲帶失智活動是一種生活照顧專業，而非全都當成吃藥的病人。正在帶唱歌的小姐才大學畢業，曾在此實習，她帶唱歌還一一走到每位老人旁，隨時關注誰有翻頁找歌的困難，讓人覺得溫馨。連廚房的各種廚具也是敲打唱歌的工具。還有老先生被帶得起興，拿鍋子跳起肚皮舞。也許說不上復健，但活力十足。

范得海參加一部分小團體猜字活動後，從大廳到另一隔間去參加藝術活動。這天負責帶領的是一位也來此休養的銀行行員馬嘉小姐。她因受不了工作壓力，而來這裡休養。經過輔導人員協助，她也很樂意嘗試帶幾位老人畫畫。

由於是失智老人，爲了讓他們能享受活動，又不會太複雜而有壓力，帶領者把農場的全景拆成許多部分，讓大家分別作畫。除了拼圖式作畫，也有主題式趣味變體繪畫和圖說。

范得海從一本軍隊駐紮埃及的雜誌找到一張沙漠中的士兵，騎在駱駝上用望遠鏡看軍情的政治漫畫。他說這是有智慧的駱駝。這時帶領者鼓勵他在磁磚畫板上畫出其他各種不同意涵和表情的駱駝，變成一串駱駝。這種輕鬆有趣、運用過去經驗、能力的活動，讓人有成就感。而且大家互相分享，極爲投入，形同互相照顧，並不需要專職照顧者時時在旁。軍人出身的范得海還笑說，馬嘉是畫室指揮官。

在作畫區之外的另一大隔間，是可讓精障和身心障朋友工作的地方，還有農業生產工廠，裡面有茶包裝區、奶蛋製品區等各種生產線。一部分是員工，可以帶領他們一起工作，學習生活程序化和具體的工作能力。

戶外還有除草、收集、農產分類等工作，也讓他們參與。一位坐輪椅的中年朋友在除草，他熱心地帶我去看工具室，這裡有各式各樣的工作拐杖，全都是因應各種工作需求的專屬輔具。有了適當的工具，即使身障，也可以做好多事，而且有很好的人際互動。

## 回歸悠閒的自然環境 讓弱勢者感知自我價值

荷蘭四月到九月的陽光強而不烈，空氣清新，加上自然環境，無論誰到這裡都能享受放

荷蘭失智照顧農場用廢棄豬舍變日間照顧中心，提供多樣活動。

鬆療癒的氛圍。其實荷蘭本是農業強國，會有這種農場型照顧，一方面是有些農場想增加服務，另一方面是許多日間照顧中心逐漸發現，提供多樣回歸自然生活的方式，能改善失智的特殊行爲，即使認知受損，能有更多媒介可以感知自己的價值，也能與外界溝通。

曾有臺灣照顧者問我，並不是所有老人都在農村長大，用農場照顧是否也適用於在都會生活到老而失智的人呢？這裡的主管海莉女士說，的確看個人，但農場並不是只對以前在鄉下長大的人才有照顧作用，因爲這個環境是悠閒的，其中可以根據不同的客戶設計各種活動。

這幾年，荷蘭這種農場愈來愈多，若干統計顯示，大大小小加起來上千之多。甚至有些農業大學開選修課，讓學農的年輕人了解除了傳統農產獲利外，還有別的服務可開發。但整個經營模式的出發點，往往未必是先有個大農場打算經營照顧產業，s而是發展日間照顧中心時，看到失智者以及自立生活被輔導者受惠於自然環境互動，而逐步發展。所以，重點其實不在硬體，而在對人的理解和尊重，以及對人的需求有所認識。

根據荷蘭阿茲海默協會主管說，農場不會因爲做這種服務賺大錢，但是因爲這是政府正式的照顧服務給付，所以經營得好，可幫助許多不同困擾的弱勢者，也不失爲一種新興服務業。

# CHAPTER 3

# 改善機構制度與照顧者素養

# 1・創造多贏的丹麥急後照顧

丹麥的急性後期照顧復健中心，考量復健者的心境與效果，透過空間、設施規劃與人員配置，爲復健者打造合宜的生活復健空間。正在推廣相同制度的臺灣，或許可參考丹麥的例子，讓復健制度漸趨完善，使復健走向照顧者和復健者多贏之路。

走訪丹麥首都哥本哈根市的「急性後期照顧復健中心」，這種制度在北歐行之有年，臺灣也在積極建置。原因是急性醫療病房，應更集中用於急症需求，讓需要較長期（超過兩週以上）復健的患者能避開感染，轉移至更適合的專屬空間，在那裡學習未來準備回家，或是去護理之家的生活，好讓患者的獨立自主最大化。這不但可避免占用急性醫療資源，免去支付可觀給付，同時也能幫助復健者。

但急性後期復健中心，應涵蓋哪些使用對象？怎麼配置照顧人力？各國有不同做法，以所訪視的場所爲例，有下列幾項特色：

一、**空間規劃：**和臺灣一般復健場所相較，這裡的空間較大，但使用率不低。一樓是日照中心，二樓是復健中心，各有許多透光、風景好的角落空間，讓人有足夠動線可以練習走路。每樓有二十七人左右的服務量，室外還有戶外活動空間，以便不同季節使用，對復健者和工作人員都好。目前臺灣推廣急性後期復健，期待各地醫院能承擔責任，但各地醫院只是空出閒置病房，讓幾個人同住在一間如急性醫療的病房，這眞的能模擬在家生活的環境嗎？關於這點，應該還有很大的進步空間。

二、**服務對象：**急性後期復健患者，包括術後患者、中風復健者等，還有預備動手術、但手術前需要強固身體負荷能力的人。因爲患者的目的是使用復健設施，而且急性後期復健中心多半距離較近，因此不必花錢跑遠路去醫院，與其他患者混在一起。另外，使用者還包含住在家中，但經照管專員評估需要復健，且有能力外出者。因爲許多人需要更豐富的社交機會，以此帶動生活品質和復健動機，這和單獨在家自己悶著做，效果大不相同。

三、**設備合宜：**新一代觀念是，最好術後第二天就能站能走，爲了配合這理念，要有對應的復健設施。其中一區全是油壓型全身各部位肌力訓練，和可調整磅數的設施不同。油壓型設施的施力是固定的，二十四小時都能使用，既能降低風險，使用時間也很彈性。另一區

丹麥急性後期復健中心設計生活性復健與支持活動，幫助老人學習返家生活。

是有磅數的，不僅有時間限制，而且一定有治療師在場。各樓安全梯也都被用來訓練上下樓，因爲許多人回家後也要上下樓，所以這裡時常能看到拿助行器在訓練的人，也不時看到治療師用言語激勵復健者，增強其參與責任感和樂趣。每做一段落，治療師會遞上開水，還有蛋白質補充飲料，而非只是讓復健者做動作而已。

**四、照顧團隊：**這裡除了有物理治療師、職能治療師、照服員和護理師，另外還有五名老師，這些「老師」的職稱原文是Pedagogy，在教育學術界是教育的意思，在此是指帶領活動、與復健者談心和協助復健者的人。他們多半當過中小學老師，也有人是上過社會服務照顧學校（SOSU）。復健中心借重其專長，讓復健者有人可以談話，

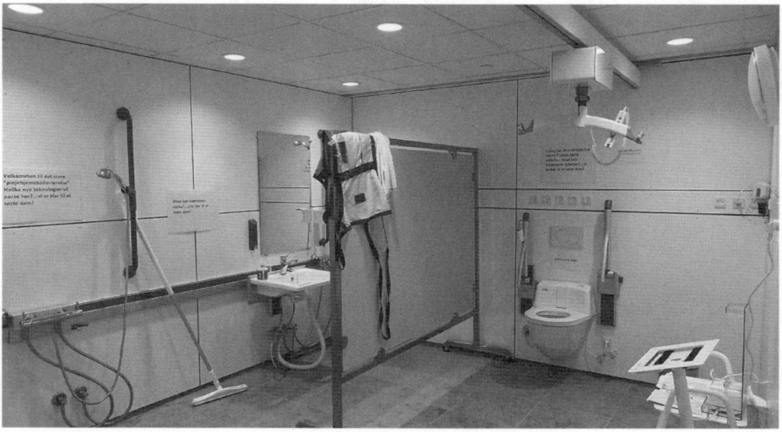

丹麥急性後期復健中心有實驗廁所，集思廣益改進設備動線和人性化照顧流程。

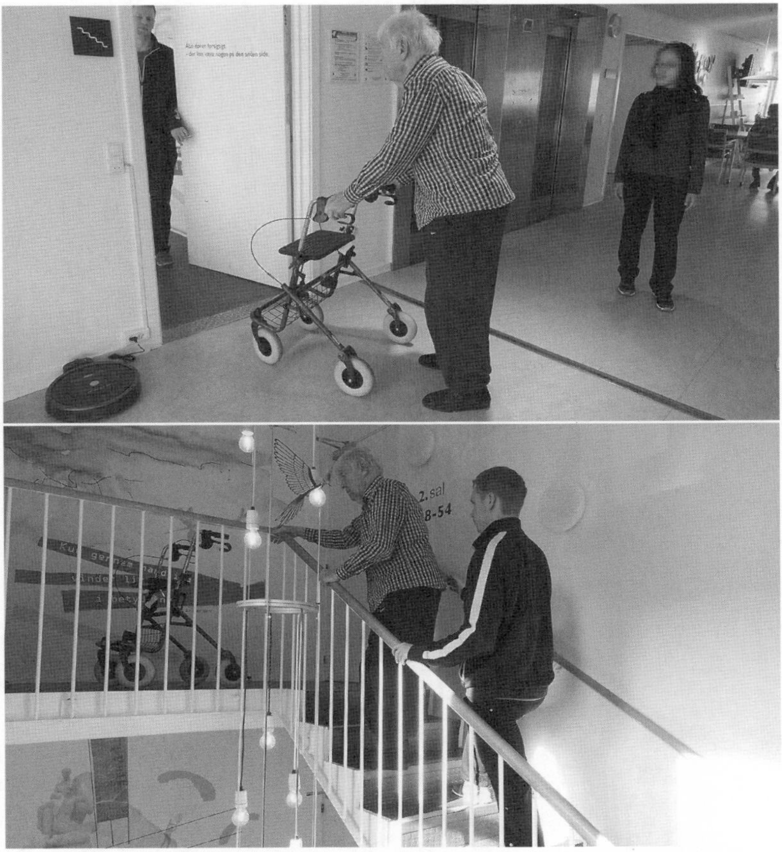


丹麥急性後期復健中心空間設計考量充分運用，讓長者務實模擬回家生活。

得到活潑的心智活動，如音樂、手工藝、講故事等。因爲物理治療師和護理師較忙，所以有這種編制。更重要的，是對復健的觀點，涵蓋維繫、支持和提升患者的生活幸福感。

急性後期照顧復健中心的經營目標，是協助維持獨立自主。反觀臺灣，相對過度倚賴醫師，治療師照醫師開處方單操作，復健者較多時，治療師忙不過來，加上聲音吵雜，復健動機和效果難免打折。丹麥的做法不重裝潢豪華，而是著重於考量復健者心境與效果。因爲這一環，對後續生活品質的影響相當關鍵。

展望未來，我們至少要走出從急性病房，搬到慢性病房的概念，再進一步追求能帶來希望的生活復健空間。不同時段納入多元使用者，搭配更完整的照顧團隊，可以增加照顧品質與使用效能，才能讓復健走向照顧者和復健者多贏的局面。

# 2．芬蘭機構改造教練分享Ⅰ：從換位思考開始

照顧長輩與一般照顧不同，不是單純給予基本的護理，就認爲足夠了；對於長者的照顧服務，必須換位思考，才能眞正符合客户的需求，如此，照顧者才能藉由服務中獲得成就感與快樂，延續服務動力。

機構人力不足，無法提供良好的照顧，是當前臺灣長照機構面臨的重大挑戰，也是客戶家屬最關切的問題。但是，有了足夠的人力，就一定可以提供好品質的照顧嗎？

## 換位思考 提供客戶需要的服務

在芬蘭擔任機構改造教練的護理師安娜就明白指出，照顧長者跟其他照顧不同，對於照顧對象我們常聚焦基本照顧，卻輕忽支持生活品質的重要性，這一點需要從根本觀念去改變。

安娜以一張圖說明這個理念，以一個大玻璃瓶表示時間，上方落下來的沙子代表每天的例行工作；瓶子外左邊的小石頭，是照顧者與受照顧者一起進行的快樂活動；瓶子外右邊的大石頭，是客戶覺得最重要，我們當下最重要的目標。

通常我們會覺得光是沙子就會把整個瓶子都裝滿了，沒有容納大石頭、小石頭的空間，但實際上我們可以將大小石頭都放進瓶子裡，只要調整先後順序就能做到。會認爲無法達成，是因爲沒有計畫，照顧者很少預先規劃未來的工作，總是想著有空再做，但時間總是永遠不夠。所以，學會事前計畫，是很重要的課題。

首先，假設您是長者，您會想要什麼？對機構有何感覺？想品嚐什麼美食？會想體驗什麼樣的生活方式？

安娜表示，照顧人員要能理解銀髮族的處境，或許照顧者第一時間會覺得「不可能」，但重點是，如果進一步去想，爲什麼不可能？怎麼做才有可能？就會有意想不到的發展。

其次，每個機構裡總有人努力做事，也總有人少做，這時，應該要透過同儕之間互相激勵和團隊的影響，使少做事的人改變過去不好的工作態度和習性。

## 擺脫機械式服務
## 腦筋轉個彎 生活添樂趣

入住機構的長者不只是「被診斷出疾病的人」，生活中也可以擁有很多樂趣，如果照顧人員給他們支持，而不只是護理的基本照顧，那麼照顧者的角色就有不同的變化了。

有了同理心，就會在服務之前主動詢問長者意見，而不是像「時間到了就給麥片」這樣的機械式生活。思考哪些事有助於提升長者生活品質，是照顧者可以做到的事，既然如此，何樂而不為呢？安娜表示，她在擔任教練時常會問照顧者：「你的下一個目標是什麼？」她不希望他們只看到困境，而是要有能力發現問題，並執行解決方案。照顧工作

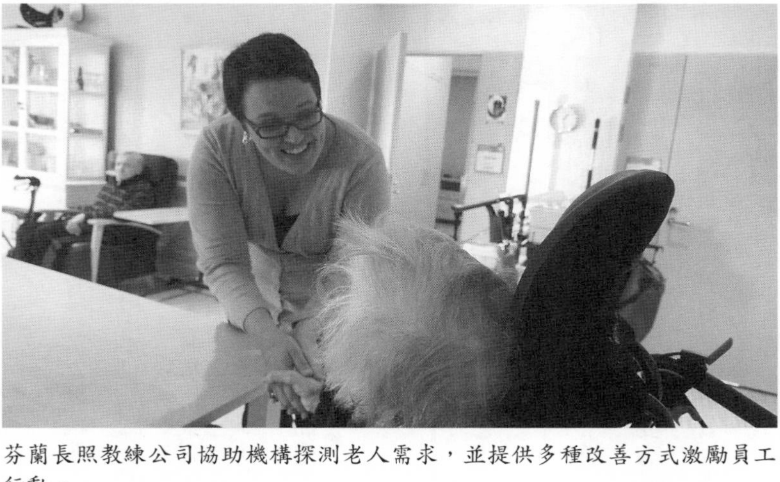

芬蘭長照教練公司協助機構探測老人需求，並提供多種改善方式激勵員工行動。

可以更美好，更有收穫和成就，關鍵就是要有服務認知。

藉由討論方法，可以幫助照顧人員思考，與長者可以有哪些不同的互動方式？安娜舉例，像有長者已經不能講話了，只能一直敲桌子，因此激怒了其他人；那麼可否想想他既然手可以這樣敲，是否能找出其他可以動手的活動，改善他的行爲？又如失智者開櫥櫃拿新衣服，表示她有能力選擇、評估想要穿什麼衣服，即使她一天想要換七次衣服，如果這樣的舉動對她很重要，且不妨礙別人，我們爲何不支持她？身爲照顧者，不應一直質疑客戶，反而要支持客戶。這是長照工作非常重要的觀念。

## 換個腦袋思考 為長者創造奇蹟

許多入住機構的長輩無法開口講話，或是不願意開口，若徵詢他們要不要參加活動，通常都會回說不要，但我們要讓長者習慣被問，慢慢影響他們，讓他有機會選擇，就有改變的可能。有的機構沒錢沒人，又有很多重度失能失智者，卻一樣可以幫長者找到夢想，只要思考除了每天例行的照顧工作，還有哪些可以慢慢改變生活的計畫，就不會自我設限。

芬蘭護理之家實施新制度後，照服員廣為支持老人生活，讓老人覺得有伴有樂趣。

安娜進一步表示，我們常常是問題導向而非解決導向，譬如一個人如果整天只是等吃等睡，也會感到焦慮，這是對環境的自然反應；同樣的，失智者的問題不僅來自失智，還有環境。環境能讓人感覺到自己是重要的，包括每天參與洗碗、澆花、講故事，都可讓人感覺到生活的價值。曾經有照顧者問她，有人不吃藥不吃飯，有什麼方法可解決？這時，我們不是一直試已經試過的方法，而是要換別的方式，例如有些人（如巴金森氏患者）走路有困難，但若放某些音樂，他們卻可以跳舞。人一旦不能走或不被准許走，就會緊張、生氣或躁動，這是很自然的現象。所以，只要突破想法，就會出現很多長照「神蹟」。

許多傑出的機構經營管理案例，都是來自照顧文化的改變。在芬蘭過去幾年，甚至有長照機構和一般企業並列一起評比，被提名角逐都市最佳經營者，這些照顧團隊都很有潛力。

## 從客戶角度思考

安娜表示，我們常說要讓機構經營像個家，自然就會聯想到起床時間。長輩們起床的情況如何？可以不同嗎？那就去試試看，而非光用想像。以往照顧者會要求長者在夜班護理師到班前都上床就寢，爲什麼要這樣呢？沒幾個人想晚上七點被推到床上吧！這是老人家的意願，還是配合護理人員的意思？不是所有人都希望晚睡，若有人想晚睡呢？可以選擇嗎？尊重老人家，就要從他的角度找更好的方法，而不是從書本找方法，造成客戶不想做卻又被要求做，這是很痛苦的。

另外，當長輩重度失能時，照顧者看起來似乎不能做什麼，但實際上長者還可以試試以感官和外界溝通，即使不能動腳，也許能看、能聞、能感覺。面對外表的失能，照顧者要有想像力，不是只有口語可以建立溝通橋梁。

提升機構照顧品質，最關鍵的是觀念要改變，設身處地爲長者思考，而改變思維最好的方式就是改變每日的工作習慣。相信不論是照顧者或客戶，都可從改變中獲得更多快樂。

# 3．芬蘭機構改造教練分享II：長照機構的訓練課程

長照要面對的狀況很多，除了長者照顧、手術照顧、身心障礙照顧等各種情況，不同個案有不同的照顧與解決方案，對照顧者來說是一項高難度的挑戰。要從事長照工作，當然不能「一招半式」走遍天下，看芬蘭經驗，如何導入教練團改造，協助長照人員重新認識照顧工作，進而提升照顧品質。

我們希望提升長照機構照顧品質，重要的是機構如何進行改造、照服員該如何改變工作心態。

在芬蘭就有機構教練協助改造，引導機構照服員重新認識照顧，從中找到照顧者的價值，讓客戶獲得更有品質的照顧，彼此間有更好的互動。

## 組織教練團 協助訓練照顧

在機構擔任教練的護理師安娜說，在芬蘭有些護理師會轉而從事協助解決照顧工作問題的教練，因爲這些教練本身有多年臨床照顧經驗，強烈感受到長者照顧、手術照顧、身心障礙照顧，還有急性醫療和長期照顧等，不同的狀況有不同的觀念和方法，不可只用一種方式套用在不同的照顧需求。因此，這個機構改造計畫正是由護理師協同老年醫學醫師、活動帶領者，一起幫助訓練照顧者。

實作開始，鑒於機構照顧需要人手，建議可一次找一半人員參與訓練，但第一輪需要全員一起參與。同時爲求效果，最好是二十人一輪。

有些訓練可能會要求學員事前預備，但這個改造課是不用預備的，因爲，就是沒預備好，所以才需要學習。因此，當大家討論問題，營造出的氛圍也不會太糟，至少不會認爲大家是因爲做不好才會來這裡上課。

## 先學會設身處地思考

一開始安娜可能會問，「你們今日爲何而來呢？」「你覺得這態度將會如何影響學習呢？」教練的任務不是取悅學員，而是要引導他們思考。例如，想像自己是客戶的長者，那麼自己會想要什麼？也許有些學員會想：「我希望早上怎樣過？」但得到的結論可能是：「不怎樣！」因爲明天還是一樣。這也沒關係，因爲這個答案已經表示，他們能更設身處地去思考。

## 發現問題 尋求解決方法

訓練時可以採三到四人一組，刺激創意。可以用彩紙、舊雜誌等各種素材剪貼建立海報，彼此觀察、腦力激盪，例如有的組別想出鼓勵長者寫日記的點子，大家一起討論，而教練則負責引導提問。

很重要的是，大家要找出有哪些事情是要做的，例如發現長者的希望和夢想是出去走走，那麼就要想出具體、可實現、容易評估的解答，而不是停留在抽象的答案，如尊重、同理之類的話。

訓練課程鼓勵大家自動發言，如果有人沉默，教練就會一再提問：「你有什麼想法？」

## 專業工作承諾對比圖 引導思考

訓練課程第一天從上午八點到下午四點，當天最後會有非常具體的結論要大家付諸行動。每個組織和小組之後也要定期會議，討論工作和目的，以及如何達成這些目標。

而後續討論會，成員要自己創造出有價值且彼此欣賞、只要有想法就一定去做的氛圍，教練也會陪同開會討論。很重要的一點是，要注意第一次訓練後的實踐，到底發生什麼事。

訓練期程一輪有五到六次，每次會有固定的主題，例如：「若我是長者或住民，我希望怎樣被對待？」「我如何發展落實照顧的好想法？」討論這些問題和因應之道。要知道問題一定有解決方法，只是多數人很少會認眞尋求方法。

如果問一個照顧者怎麼看待照顧，答案通常就展現在他如何對待客戶。工作多、時間不夠用，是照顧人員最多的反應，這時就要認眞想想：我們每天都在做什麼？爲什麼要做這些事？若覺得每天都很忙，能否花點時間想想，該如何善用時間？

可藉不同層級的專業工作承諾對比圖來引導思考：

第一級：我只是為工作，因為必須做。

第二級：我們希望發展我們的工作，但沒足夠能力。也許達到一點，但無目標。

第三級：我們有線索知道該如何做。

第四級：我們願意做，目標達成，變成常態發生的，也能對不同處境反應。

第五級：眞正的承諾是來自內心。我們每個人會計畫去做，無論是個人或團隊都會設定新目標。

透過以上五級承諾討論，可以幫學員了解、察覺自己到底落在哪一級。

思考前人人都覺得自己已經很努力了，但當教練問問題的時候，學員們很快就會發現自己的盲點。

例如教練可能會問：「你覺得做到怎樣算是達成承諾？」學員可能理直氣壯地回答：「準時上班。」

當教練回應：「就是這樣嗎？這是哪一種承諾呢？這是最基本的吧！」這時學員就會開始

自覺，自己認為的表現水準，和眞正應有的表現有什麼不同，進而做出更好的改變。

## 懂得問問題才會照顧人

教練與學員交談、討論，會不斷提問幫助大家，三位教練各有不同的角度與方式，有講課的，有發現客戶現況實例的，有的是引導照顧者思考。

例如由照顧者訪談客戶，找出一百個資料細節，然後以第一人稱朗讀，體會自己是長者的話，想要什麼，而訪談長者、整理他們的生活特性資料，是要從他們的回答中找出更多有助於判斷的線索，幫助他們找出想做的事，而不是直接問他們想做什麼。

機構訓練，老闆也要一起加入，因為他必須看到學員做的事，並繼續支持；也可以了解員工當中同意和不同意新的承諾後，和他們討論，並多方支持他們的進步。

這個課程訓練讓照顧者以後也可以當教練，懂得問問題，問家屬正確的問題，同時激勵他們往正確解決問題的方向思考。

改善機構經營，首要就是照顧者的承諾與信念。機構改造利用成人教育方法鼓勵照顧者自

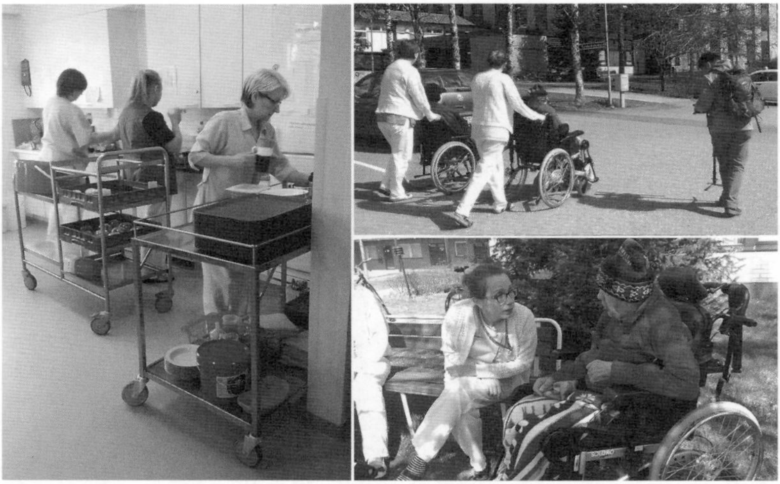

芬蘭長照機構突破「忙所以無法改進品質」的迷思後，創造客戶雙贏的營運品質。

己發現問題，從旁幫他們觀察分析而找出方法，讓他們樂意繼續工作，同時在工作中獲得成就感，自然而然就會讓受照顧者因此享有更好的照顧品質。

# 4・挪威失智照顧創新實驗

因應長壽失智人口逐年攀升，挪威已將失智列爲國家重要公衛議題，由國老年健康研究訓練中心（Aldring og helse）研發照顧訓練實務模式，除透過跨領域讀書會與例行培訓，近來更導入VIPS照顧訓練實驗，針對失智者療癒，益見成效。在臺灣，罹患失智人口有逐年增加趨勢，若不及時未雨綢繆，衍生社會問題堪憂。

在挪威，因爲長者壽命愈來愈長，失智比例增加，該國衛福部已將二〇一五年版國家失智照顧計畫書更新爲二〇二〇年版，國家老年健康研究訓練中心因而受命研發更多、更快速、更實際的訓練方式支持照顧需求。研發主管卡林等人認爲，照顧負荷愈來愈重，更多失智失能者應該住在家裡，而不是興建更多機構。要把他們照顧好，就要讓專業知識更有效散播。所謂的知識，包含基本常識、應對與態度。本於這個目標，該中心聚集專家，彙整基層照顧經驗，編訂涵蓋病理、音樂照顧、團隊合作、照顧溝通、如何學習等項目的失智訓練手冊。

## 醫護、照服員跨業交流 精進失智失能照顧專業

整套的教材供培養師資再教導各種照顧者。

挪威現有五百三十萬人，分佈於十八個區，四百二十二個鄉鎮，包含社工、護理、物理治療、職能治療、照服員、醫師與其他民眾等，可以約八人組成小團隊，一月一本的方式研讀，人人輪流帶領討論、交流經驗，從反思主題手冊提供的知識，來思考個人如何精進照顧能力。目前全挪威已有三萬人以上、九成六鄉鎮的照顧者參與學習。這個手冊討論會讓大家自由討論，一起尋求更好的照顧方式。每一年，還有兩次全國性聚集培訓。

此外，該中心也會一年四次發送學術期刊給長照機構，讓大家掌握更多新的研究和照顧方法；另有專爲小朋友拍攝的認識失智影片，舉辦親子夏令營，幫他們了解如何與長輩相處；還有許多實務書籍引導如何營造氛圍和流程，讓失智者可以好好吃一頓飯。

除了以上手冊、期刊書籍出版與定期活動，國家老年健康研究訓練中心實驗新的訓練方式VIPS就是確保以被照顧者爲中心，落實於每日生活例行照顧。

## VIPS照顧創新實驗 改善病情成效卓著

VIPS這四個挪威語縮寫的涵義包括：認定所有人有一樣的價值、照顧必須個別化、從當事人的觀點看照顧決策、營造支持當事人的心理社會環境。卡林說，照服員或許可以想想，以工作爲中心和以被照顧者爲中心有什麼不同，從稱呼、溝通到問題行爲因應，要更了解其需要。失智者仍可能保留部分感知能力，可以體驗世界的美好。例如失智者可能對聲音敏感，可能不易分辨全白的馬桶，也有些人對住屋的電視螢幕閃光感到不適，還有法律問題、環境設計、早發性失智者的就業職務再設計。這些從被照顧者觀點看影響生活品質的元素，都要找出來並改善。在這種改造討論和執行工作時，第一線主要照顧者扮演被照顧者「發言人」角色，他們以同理心展現表達當事人的處境，然後由一位輔導護理師帶領討論，並做爲與主管的合作橋梁。

兩位師資培訓的老師在示範說明如何從失智者眼光看世界。

參與學習VIPS者主要有第一線居服員與機構照服員，分爲對照組與控制組，研究證實，使用該照顧方法，對於失智、憂鬱、遊走與神經疾病症狀都有改善。由於照顧服務人力需求愈來愈大，國家老年健康研究訓練中心估計，以後全挪威有相當比例的人口得投入長照服務。因此，除各種專業人員，該中心也成立兩個訓練學校，培養身心障礙和學習障礙及失業者投入長照。另發展數位學習資源，除了影片，還有自由下載的有聲書，讓新移民、不同文化背景和短期還無法流利閱讀挪威長照教材的人，可以方便學習各種照顧專業術語和友善應對的句子。

國家老年健康研究訓練中心有出版教材組、學術研究組、教育訓練組三個組織來支持以上政策，由此可見，人才養成，培養有能力因應挑戰的照顧者，更有效進入失智者的世界，是迎接失智人口快速成長必要的對策。

## 5・專業養成落實長照新制

長照給付新制原意將「論時計酬」改爲「論件計酬」，並降低自付比例，但實施迄今爲何與社會期待有落差，而頻生民怨？事實上，照管專員、居服督導、居服員的訓練養成，是貫徹新制落實的關鍵因素，我們在這一方面還有很大的努力空間。

長照實施給付新制，政府期待藉此提升照顧者發揮專業，讓客戶得到更好品質，但實施後各方意見不一，甚至認爲新制讓居服員收入減少、客戶要付更多費用。這樣看來，制度改變似乎未獲得顯著掌聲。

### 資源分配最關鍵 照專應具備什麼素養？

其實，制度設計需要釐清設計理念、運作佈局、執行者充分理解，以及民眾要承擔延長獨立自主責任，如此才能讓有限資源合乎分配公平與價值倫理。

然而，我們設計制度似乎受到政治影響，希望很快有成果，例如短期大量招募照管專員造成訪視爭議多，陪伴就醫遠程近程費用一樣等，有關照顧期待在長照和急性醫療間的差異，也還在學習掌握，例如何謂生活照顧彈性作爲，和陪伴傾聽的意義；還有民眾少有機會理解資源分配參與決策，以致造成曲解政策與許多細節難務實。

這其中還有個因素較少被大眾討論，就是長照工作人員的徵募、訓練。以擔任評判失能等級、主導服務資源釋放的照管專員爲例，目前我國從多種背景招募新人，以往新進訓練僅五天左右，多數課程採單向、技術性教學，輕忽價值學習，導致部分照管專員難有足夠素養回應政策期待，對於職務認知可能偏向行政流程，而未有感照顧是支持被照顧者自我照顧。這必須秉持清楚的價值原則，還要給予充分的思考和溝通訓練，才能有更多自信和熱誠完成任務。

後來政府想推動的「A個管」也有類似問題，原本目的是希望落實照顧管理，結果發生某縣市開辦訓練時，報名非常踴躍，但竟流傳出「只要寫寫表格就可以賺一千五」的耳語。大家若一開始就以爲照顧管理是如此，我們如何期望他們被裝備成能應付期待的能力？

## 貫徹長照給付新制 需強化實務學習

由照管專員核定服務內容後，要執行的居服單位有居服督導和居服員。新進居服督導看學歷，但這些人往往經驗有限、訓練不足，有的竟然認為居服督導就是「收錢的」，因此制度要他們輔導居服員，往往難以迅速且有效、成熟地給予支持，例如當照服員表達體能無法承擔某些照顧職務，居服督導因缺乏輔導相關背景知識，難以協助居服員改善困境。居服督導還要面對客戶與家屬，甚至與照管專員一樣要面對民意代表，面對這些要求與責難，他們如何勝任？

居服督導除了經驗不足，居服員素質不一也會成為壓力。新進居服員訓練如上述各種成員，不但時間太短，也是重技術輕忽價值學習和溝通素養，難以協同政府推動「復能」計畫的物理治療師等專業團隊，來支持客戶計畫性生活目標導向的復健。加上沒有建立自我形象，承擔不了與客戶互動壓力，與客戶之間的衝突自然增加。

以上各種人員素質不一而無法承擔職務，造成流動率高，當政府為了提升照顧品質而大量開辦在職訓練時，表面看大群學員來來去去登記上課很踴躍，實際上不少人上完即離職，以致線上工作的有許多是經驗與知識不足者，對工作者造成壓力，而被照顧者也充滿困惑。試想，各種人員折損造成政策無法貫徹，會浪費多少資源？臺灣還有多少資源可以如此虛擲浪費？

很多人認爲，增加薪水是解決當下一切困境的方法。從誘因學理和生活需求來看，薪水的確重要，可是這不是唯一因素。目前，關於長照工作人員的教育訓練，不論新進或在職，未來必須避免流於形式，更要重視學習者的需求，逐步提升教學者教學法，強化學習品質，讓長照工作者有更好的身心裝備，才能善用技術能力，在基層貫徹政策轉變，並得到相應成果。

## 6・從歐洲照顧經驗看臺灣社區安寧照顧

當社區、居家安寧逐漸成爲時勢所趨，我們的照顧體系與人力素質能否跟得上這樣的發展脈動？令人憂心！實施一例一休後，居家護理師的服務與調度面臨前所未有的考驗；安寧病房照顧資源與社區居家安寧模式難以接軌。除了發展社區照顧，如何支援家庭照顧者也是相當重要的議題。也許北歐和荷蘭的經驗，可爲臺灣長照指引方向。

推動社區安寧照顧，是許多醫療界人士的主張，也是國際趨勢。所謂社區安寧，是指以往多半在醫院安寧病房度過的日子，可以回歸到社區，因爲離開大醫院可以減少感染，也不需要在病房的環境終了，更有人味。至於爲何採用社區一詞而非說在家（亦稱在宅或居家）安寧？其實社區安寧包含在家安寧，但不只侷限在家，因爲有的國家在社區裡設有安寧醫院，有的社區健康中心有規劃安寧房，還有的是在距離住家很近的護理之家和照顧住宅，都規劃有安寧照顧功能與空間，然後才是完全在家。

其實，如果有健全的照顧體系與素質優良的人力，以上資源是可以視情況交互彈性運用的，挪威就是個非常典型的例子。挪威的醫學中心通常會組織一個巡迴團隊，包含醫師、專科護理師等人。當病人出院前，居服員會先來參加小組會議；病人返家後，這個小組會到病人家中與家庭醫師碰面。家庭醫師一定要出席這項會議，接手後續照顧，並與原始團隊保持聯繫。

在臺灣，這種居家安寧的理想正在發展中。比起在大醫院過世，這可能是個更好的做法，更何況臺灣醫院病房有限，不像丹麥有十七家安寧醫院，可以提供多數病患安寧善終。

## 一例一休實施後 照顧人力大考驗

但要在社區或在家安寧，要有維持生命徵象的設備、穩定照顧人力，通常至少要有居服員和居家護理師。至於這種日子會持續多久，很難說，大家都要有心理準備，可能會在住家與醫院間來來回回，即使已經決定選擇安寧照顧，還是可能會辛苦很久。除了基本安寧照顧，還要考量是否能更進一步滿足病人臨時提出的特別期待，像是在荷蘭，就曾經有把病人連床一起載到海邊去欣賞風景的案例。

社區安寧是不是只要把以上事情做到，自此家屬和病人就可以過著快樂的日子呢？其實做到和做好並不一樣，而且完整的照顧不只上述流程。讓我們先看一個臺灣實際的例子。

一位朋友的母親九十多歲，且患有失智。因爲不住在醫院病房，所以要有家人和居服員陪伴照顧。有一天，身爲主要照顧者的女兒累了，想喘息一下，她要的不是出國幾天，只是三小時，政府提供的喘息服務的時數也是半日三小時。這位女兒希望喘息期間，來幫她的是平日就承擔照顧的居服員，因爲彼此都很熟悉，很幸運地，平日合作的居服員也願意幫助她。可是一例一休實施後，一天工作八小時，居服員本來一天去一家服務六小時，之後可能再去另一家服務兩小時，現在這位家屬需要居服員協助喘息服務，一次三小時就會超過居服員一天八小時上限，家屬只能找另一位居服員。所幸照管專員誠心願意幫忙，家屬得到另一位居服員的服務。

只是臺灣居服員流動性高且素質不一，來幫忙照顧的居服員，無法立刻接手、掌握長者的特性，結果家屬不放心，只好一直陪著。最後演變成家屬陪著臨時來服務的居服員，還要教她，怕她出事，讓原本需要喘息的家屬更累。這案例很奇怪嗎？不，這是眞實發生的案例。

相同的情況在荷蘭，因為平時紀錄完整、居服員之間常交流，較不會產生這樣的情況。例如荷蘭的博祖克居家服務公司，是由居家護理師為主力擔任居服員，而且幾位居服員為一個照顧組管轄同一區。他們素質整齊，平時每週面對面交流討論，降低個人盲點讓照顧更完備，而且多半互動關係良好，彼此溝通較有默契，加上又有完整的數據紀錄，當真要換同事來接手時，也就不會有如上述例子那麼突兀的情形發生。

## 開立死亡證明流程繁瑣 真實案例震撼經驗

難處還沒結束，後來朋友母親過世了，依照流程，因為不在醫院過世，無法由醫院開立死亡證明，在家過世需要透過行政相驗。當下家屬難過、忙亂心情可以想像，要找誰？該聯繫誰呢？沒有經歷過，誰也不知道，只好找醫院。醫院也不知道確切的流程，僅回說問一下，最後找到了衛生局。

朋友回憶說：「衛生局跟我說會有人來做行政相驗，給了我一個電話讓我跟他說交通路線。於是我和對方聯繫，告訴他交通路線。後來他問我：『有沒有停車位？』我回答：『沒有。』」

「他說：『沒有停車位怎麼停車？』我不知該怎麼回答，就直接掛掉電話。」朋友繼續說：「後來我再次和衛生局聯繫，問她對方問有沒有停車位是什麼意思？衛生局跟我說，對方可能怕車子被拖吊，我們只要派個人幫忙看一下車就好（這過程我忘了是衛生局先和對方聯繫再這樣回答我，還是在電話中就直接回答我）。衛生局人員又說：『我不知他是法醫還是檢察官，而且負責行政相驗的人和問有沒有停車位的人，這兩個人不是同一個人。』」聽到衛生局的回答，友人有點驚訝，要是喪家這時都很忙碌，沒有人可以幫忙看車子，該怎麼辦？

等這位先生到的時候，友人請姪子下去幫忙看一下他的車子，然後就拿醫院開的診斷證明給這位先生看。醫院提供的病人資料，寫了「意外受傷」，這是照先前的病歷而登載，但行政相驗的人說，意外死亡不是自然死亡，要行政相驗會有問題。「他看到診斷證明上有寫頭部受傷，就不願上樓去做行政相驗了。但事實上，我媽媽並沒有頭部受傷，頭部受傷是約五年前的事了，我不知為什麼會在這次的診斷證明上寫上去。我再和衛生局聯繫，她馬上聯繫另一位醫師，不過另一位醫師並不是行政相驗的值班人員，所以是下班後直接到殯儀館完成行政相驗的。所以，我不知道公部門的處理方式，像我們這樣的狀況到底應該由誰來負責行政相驗。」這過程中，慌亂訝異的家屬一度想到去找里長，里長幫忙找管區警察。警察勸家屬說，依照他的經驗，寫意外死亡比較快處理，問題是這不是刑案。

## 如何做好社區居家安寧？

以上的眞實故事不久前在南臺灣發生，這個過程，人人合法照規矩來。但大家設想，如果您是這女兒，感受如何？您會因爲在家安寧照顧更安寧嗎？由此可見，其實在家或在社區安寧，只要離開醫院，許多相關的流程可能不同，誰來協助家屬處理？是不是要教導家屬這些處理流程，才是更完整的安寧照顧？

以上只是一個例子而已，居家安寧的時間長度並不一定，且每個人狀況不同。記得我在荷蘭電視臺實習時，他們曾有個節目專門拍攝居家安寧的故事，案例通常在幾天幾週內走完人生，卻也有一位病人活了十九年，這是拍攝人員開拍時未能料想到的事，後來節目還爲他製作特別節目。

在芬蘭，長照專業工作者的在職教育特別強調一個觀念，就是「總要走在前面爲人設想」。這並不見得會更累，而是更有品質，更不慌亂。挪威醫院本於相似觀念，曾引用聖經好撒瑪利亞人的故事來做爲醫院核心價值，演繹於如何落實照顧，其中有一部分的精髓也是在預先設想。

臺灣愈來愈多人選擇與以往急性醫療不同的照顧流程，上述故事足爲學習腳本。但願我們先有預先設想的心，讓我們的體系與人員使照顧變得更窩心，不只是客戶有感，還要關照家屬。

# 7．與失智者溝通的關鍵

要讀懂失智者的心，讓失智者跟上常人軌道，其實並不困難。只要運用小技巧，引導失智者分享正向生活經驗，營造快樂的氛圍與環境，即能創造雙贏。且讓我們看看以色列失智症協會和「乒乓」理論的實際經驗……

在以色列失智症協會發展的活動中，其中一項是在民眾確診輕度失智時，以保險給付邀他們到日間照顧中心，由兩位專業活動帶領者進行十到十二次的小團體活動，一方面讓他們得到支持和快樂，另一方面是為了提早預備照顧資源。次數多，是為給長輩時間，帶領者才可能找到很代表性資料。

以色列這個小團體活動，是透過輕度失智者樂意而且容易參與的生活經驗主題，鼓勵交流分享。從交流中抓取重複出現的主題語句詞彙，或透過預設主題活動，發現新的重要記憶和語句，然後逐一記錄下來。這項活動最後會邀請參與者找出自認最重要的場景和物品合照，做為個人手冊封面，再集結成個人資料。

多數人認為，失智者特別的行為與語言，最令人不知所措；然實際經驗顯示，不管家庭照顧者還是專業照顧者，令他們最感壓力的，其實是失智者會不斷地問同樣的問題。照顧者為了職責，不能嫌煩就離開，但又脫離不了這種重複精神轟炸。

## 照顧失智者「乒乓」理論 引導分享營造快樂氛圍

在英國，Oliver James 在其著作《滿足失智症》（*Contented Dementia*）中提出用「乒乓」方法，意思是照顧者可以視情況，事前預備重要詞彙和愉快圖像，與失智者互動，引導失智者活在容易得到穩定、安全、愉快的世界裡。所以要有耐心在打出乒乓球時，等對方回應後再繼續，若對方沒回應，也不需要挫折。

引導可以讓失智者分享、表達出更多相關經驗或感受，所以採用「乒乓」方法，照顧者在預備資源同時，態度要謙卑，要把失智者當成飽學之士，等待恭候他們，而且要一步一步來，一次只給一點點正向的線索，探測失智者能吸收多少。

拿相簿給失智者看時，您可能會認爲他看照片的理解方式與速度和我們一樣，實際上不然。他看的可能是片段，不一定記得事實，但會去感受圖像的氛圍，所以以色列失智症協會另外開發的兩套活動工具包，不論針對輕中度還是重度，都有一疊這種目的的圖片，且都是愉快、可愛的自然界動物或人物，目的即在此。

因應失智者重複問同樣問題，我們可以用更有趣的話題和圖像來引導避開。另一個溝通挑戰，則是來自照顧者。因爲照顧者對失智了解有限，有可能不斷重複向失智者說明，更糟的還有不斷向失智者問問題。殊不知，對於認知有障礙、接收語言有困難者，一直被問將造成不小的挫折，這時若照顧者的表情不悅或急切，會讓聽不懂卻又想要聽懂話語的失智者憤怒。

我曾在高雄一家醫院，引用比利時老人護理照顧倫理實驗室的訓練方法，邀請護理師扮演失智者，並由照服員擔任照顧者，任務是幫助失智者把桌上的水果吃掉。照服員爲求勝任，一直追著護理師，導致護理師控制不住情緒掉淚而要求暫停扮演。因爲護理師想到曾經發生類似情節，發現自己也曾造成失智者困擾而難過。

要讓失智者吃或喝，有一種方式可以試試，就是用簡短的語句表達我們自己想做的事，再搭配肢體行爲，讓失智者如果願意的話可以模仿跟從。丹麥照顧服務員的教科書在失智照顧溝通這一章，就曾明確指出這種照顧方式的重要。

爲了更有效訓練照顧者體會「同理」溝通的重要，《滿足失智症》甚至建議照顧者，刻意和其他照顧者練習一起互動說話，但不可以提問。一般溝通總是會相互提問；但是身爲照顧失智的人，要有專業自覺，怎樣的互動，才是「照顧」。不妨想想，過去我們對待失智者的方式，眞的是「照顧」嗎？

## 8・溝通不良如何做好照顧服務？

照服員和被照顧者來自不同文化或成長背景，兩者互動，可能因爲語言表達認知差距，對被照顧者造成誤解，甚至傷害。所以，照服員如何與被照顧者及家屬溝通零阻礙，是雙方建立互信，提升照顧服務品質，最關鍵的一堂必修課。

最近在一個照服員聚集的場合，許多照服員提到在臺灣工作，和長者溝通雖不容易，但更麻煩的是家屬。溝通不良的確是居家服務或機構照顧面對的挑戰。相較西方國家，臺灣在照顧過程中遇到的人際溝通挑戰可能更多些？但我們是否思考過如何改善呢？

重視教育和溝通的芬蘭，很早就發展出一套有關學前、小學、青少年讚美語言和獎勵的方法；這不僅只是教學資源，更代表他們看重溝通和維繫自我價值，並了解這對國民健康身心養成很重要。

進入銀髮社會，一樣重視溝通，凡是新移民到成人職訓中心參與照服員訓練，兩年課程中還開設專屬的語言課程，上的不是基本芬蘭語，而是教導從事照顧服務時需要特別留意的芬蘭語，其中包括與醫療專業人員的溝通及與被照顧者間的互動。

首先，照服員必須學習能精確和護理師、醫師等傳遞資訊的用語，還有芬蘭語中相似發音但意思全然不同的用語；例如「需要用電的」和「不用電的」，因爲有些話如果講錯、聽錯，可能會發生致命的危機，不可不慎。

其次，則是聽懂情緒用語、善用問候用語和支持用語等。這凸顯芬蘭對於照顧溝通的重視，希望服務是在良好溝通氛圍中進行。因爲服務不是機械性工作，有良好的氣氛，對照顧者和被照顧者都好。

了解芬蘭對照顧溝通語言的重視，回頭看看臺灣，確實有很大改善空間。以一句閩南語爲例，當晚輩邀請長者出去玩時，長輩回應「你們去就好，我顧家」，這句話表達了什麼？根據幾次在照服員培訓和關懷據點志工講習中，大家腦力激盪後蒐集的資料顯示，長輩話語背後隱藏的意涵，至少有好幾種意思，包括：怕花錢、怕頻尿、怕給兒女添麻煩、不想和這群人去，甚至另有心事等。

客語同樣也有許多字面一樣，但意思不同的情形；例如長者對外籍看護說「你做得很好」，其實有可能是讚美，也有可能是反諷，還要看語氣甚至表情來綜合判斷。根據研究，溝通時，想要了解對方的意思，話語只占兩成，其他還包括肢體語言、語氣、表情等。所以有人說，聽話要用眼睛而不只是耳朵。

因此，如果外籍看護不能分辨長者話中語意，一次、兩次，當每天都有訊息解讀錯誤時，日積月累，對照顧者、被照顧者雙方都不會是好事。

在丹麥的照服員學校，溝通課老師會告訴學生，千萬不要讓長者覺得他做的都是錯的，這是非常重要且實際的應對技巧。我就曾經看過營養師在居家衛教時發生類似的問題，例如長者習慣吃鹹，被營養師講得好像吃毒藥一樣。還有一位獨居長者，孝順的孩子們在他的冰箱放滿食物，但衛教人員打開冰箱就指指點點，讓長者感到挫折。

衛教人員隔很久一次訪視，都可能造成長者緊張與挫折，何況是與長者朝夕相處的照服員，他們是否有能力察覺衝突可能就出在自己身上，更令人關注。如果我們在新進人員的訓練養成上，只是一味專注在技術而輕忽溝通素養，將來這些照服員投入職場後，當然只會以本能語言應對，而非專業語言應對。

照顧是一種服務，語言可以是武器，也能給人祝福。至於和失智者溝通，又是另一專業。

芬蘭長照細緻的溝通課程，來自大家意識到問題，想進一步預防，並進行研究累積經驗，找出原則和建立各種高發生頻率狀況的解決之道。臺灣有自己的民情文化，當然不可能照抄芬蘭經驗，但我們可以計畫性地探索，同時多點耐心、合作，並建立互信。否則投入再多資源，照顧者與被照顧者間的衝突，還是可能一再發生。

# 9・照顧者的「專業言語」

照顧過程中，照顧者需注意言語分際，避免造成被照顧者的災難。每個人個性不同，然而經過專業養成，照顧者在不同情境下，能自發展現動人的言語互動，能將核心價值與理念內化，達到有所爲有所不爲。

二〇〇五年我到丹麥聖路加安寧專責醫院學習。當時朋友帶我拜訪一位八十六歲仍在執業，並帶領各國護理師實習的護理師。我走進她辦公室，她對我說的第一句話是：「你說，我在聽。」光這句，就拉近不知多少距離。

隨後她提醒，在安寧醫院，雖然許多客戶沒說話躺在那裡，可是照顧者們千萬不能在客戶身邊聊東講西，因爲客戶都聽得到。換言之，各種照顧者之間的對話，要很注意，以免對無法逃離現場的客戶造成聲音災難。

這使我對專業工作者的言語有更多認識。專業不只在於術語通俗化和表面化的制式溝通，還有控制在照顧空間內，所有可能干擾照顧品質的聲音。對安寧客戶來說如此，對於急性照顧和長照，也是如此。有位地方政府衛政主管說，她曾經不想當護理師。因爲她在高中體檢時，負責的兩位護理師一直在聊化妝品，沒有注意她的疑問。雖然後來她還是讀了護理，但對言語之事銘記在心。

在另一個復健室，幾位物理治療師在聊老公以及怎麼煮飯，被綁著電療的許多阿伯，不想聽都不行。他們也不敢告訴治療師，因爲是治療師在他們身上按來按去或插電療器具。

晚近幾年，臺灣一談到長照，就會說一切不理想的事情都是因爲沒錢。但專業照顧工作者的言語素養，眞的都要靠錢堆起來嗎？只要花了錢，就可以保證以上各種困擾都不會出現？

也有人說是制度問題，制度影響態度。人手少，大家容易口出惡言。但仔細想想，眞是如此嗎？會不會有個人修爲問題？或是因爲很少有人提醒我們，職業場合要與個人日常習慣釐清分際。正因爲不容易，所以才叫專業，才需要訓練。

再舉一例。在國內很知名的優質安養機構，一位護理主管對一對剛住進來的夫婦曉以大義，進來後要怎樣注意衛生，怎樣避免感染別人，怎樣用藥，如何如何等。一直被「教訓」的夫婦忍不住委婉地說：「護理師，您講的都很有道理，可是我當了四十年的醫師，我太太也是護理師。你說的我們都了解，可不可以請你口氣好一點？」這位護理主管受到震撼，從此改變！

或許我們可以重新從訓練養成的角度來思考，什麼是專業照顧者的言語？工作者們對公共空間的各種語言和聲音來源，以及這些對被照顧者的身心影響是否有敏感度？是否想到自己可能就是被照顧者的困擾來源？

在他國，除了從小養成溝通禮貌，藉由專業基礎訓練提醒，以及提供專業人員休息談話的空間，和照顧場所區別開來，避免對被照顧者產生言語傷害。當然理念與核心價值的教育也很重要。例如，機構經營核心價值若有一項是「尊嚴」，大家就會去思考：「為了顧及客戶尊嚴，我絕不在客戶的床邊，高談闊論與照顧無關的私事。」或「為了顧念被照顧者感受，我們絕不在客戶前爭論職責。」

經過養成內化，在不同情境往往就能自發展現動人的言語互動。例如，失智長者不想吃飯時，可以對他說：「當你要吃的時候，再告訴我們。」又如要為失智長者洗澡，但不曉得對方願不願意，可以溫和地說：「為你預備的洗澡水準備好了。」讓對方覺得被尊重，當然配合度就會更高。照顧者如果忙到連一句友善的言語都很難說出口，那真的需要省思更好的方法來改善。

年年有許多人到他國考察，總覺得當地機構有種說不出的友善溫馨。我們固然可以說民族性不同，但這不表示就能口無遮攔，也不等於可以不區分工作場合和私領域的言語分際。人人個性不同，然而所謂專業就在經過養成，能內化爲有所爲有所不爲。

# 10．有感居服品質首重溝通

居家服務不只是管灌餵食、生理照顧例行技術，更關鍵在於專業倫理要求、居服員主動誠心溝通，讓被照顧者有感溫馨。從同理被照顧者出發，培養照顧者語言、視覺、觸覺、嗅覺等溝通素養，才能符合眞實工作情境需求，有效提升長照品質。

一個在職訓練場合，我引用比利時照顧倫理尊嚴實驗室訓練法，幫助居服員透過較長時間的角色扮演，扮演失能者學習深度同理。這種學習在角色扮演後都有反思討論時間，而且還要提出如何改善居家服務具體實踐模式，每隔一段時日後檢討。

有位居服員分享時說，她從事居家服務十年，每次到長輩家裡，從未主動與他們說話，只有在長者提問時，她才回應。經過訓練後，省思到這是不對的，以後要改變。我很好奇她爲什麼不主動和長者說話？她說，因爲同業警告她，千萬不要主動問候長輩，因爲一問候，「老人家可能要你做更多事，沒完沒了」。

## 居服對象是人，不是機器

其實，有些長輩獨居，可能一星期七天除了郵差，就盼居服員來，好有人說話，結果自己被當成機器，感覺當然不好。如果居服員願意良性溝通，長者就會感覺到和同類在一起，感受到自己還是個「人」。

這位居服員能省思當然值得鼓勵，但若細想，她不願主動和被照顧者說話的原因，眞的只是因爲同業的勸告嗎？恐怕未必！

居服工作、長照服務需要大量溝通，這得靠專業訓練幫助專業覺知，使所有投入此工作的人理解，主動溝通對被服務者是什麼意義？此攸關長者生活品質與生活價值。如同四十年前丹麥護理倫理教科書《倫理的需要》（*The Ethical Demand*）所說：「當我和你在一起的時候，我無形中就占有了你生命的一部分。因此，接下來你的感覺好壞，我有一分責任。」

丹麥的居服員養成有一課是「認識自己」，其中有一部分就在省思個人溝通習慣對工作的影響及如何調整自己。近來在居服學校走廊牆壁甚至貼了以鮮豔大型海報指出溝通知識，提醒天天進校會路過此走廊的學員。海報用圖文呈現溫暖的「長頸鹿」溝通、兇惡的「野狼」溝通，還有「衝突階梯」，培養學員敏感度及溝通原則。畢業服務後，爲了配合治療師支持長者進行計畫性復健活動，還有學習溝通課程，包括被照顧者不願配合時如何溝通等。

## 考核居服員溝通素養 和生理照顧技術同樣重要

芬蘭在新進居服員招募面談時，就很重視基本溝通能力，老師特別強調，這比另兩個測試——體能測試和心理測驗都重要。甚至還針對有移民背景的新進居服員，開設專門語言與溝通課，幫助學員認識芬蘭語有哪些發音相近但是意思差很遠的字，例如有電、沒電兩字，弄錯甚至會致命，還有其他友善用語該怎麼用。到期末考核時，實習老師和教室課程老師還會和學生一起碰面，告知學生得到的評分，聽取學生意見，這還是在考驗溝通。

以色列招募長者服務長者的新型高齡再就業訓練時，特別重視溝通，還要學員先認識被服務者的心境和強化文化敏感度（culture sensitivity）來理解如何溝通。所有老師也會特別注意學員溝通習慣與態度，來決定是否通過考核。

挪威國家老人健康中心從事研發、教學和教材生產，也很重視溝通素養養成。例如，失智照顧，要理解失智者可能無法如一般人容易理解詞彙，或者不容易跟得上照顧者的表達速度，所以照顧者還要學習語言以外，視覺、觸覺、嗅覺等多樣方式，客製化照顧模式。

目前國內培養居服員（照服員）太重視技術教育，好像會擦洗管灌等技術就能符合專業期待；然而眞實工作情境，溝通恐怕才是最高頻率的行爲互動。因爲職場的專業溝通終究與個人私生活的直覺溝通有差異，溝通素養高，讓被照顧者與家屬很容易有感長照服務的專業形象。展望未來，如何培養居服員溝通深度，備受關注。

# 11・推長照靠社政、衛政合作

政府推動長照，除了妥善照顧失智、失能者，有更好的生活品質，更重要的預防保健也不可忽略，唯有從源頭著手，長照才可以走得更遠。推動長照需聚合眾人之力，包括衛政、社政等單位與人員，發揮專業相互支援，才可將長照之力發揮至最大、呈現最大的效益。

政府推動長照目的若是延緩失能，卻將可以透過積極保健預防的輕微失能階段，交由社政單位管理，這是很奇怪的做法。如果前端沒有積極預防的意識，等到被照顧者進入加速失能階段，才由衛政主管的護理之家接手，這樣的長照思維無法完善推展。如何讓社政與衛政系統可以發揮所長，同時相互支援，相信這才是全體國民之福。

許多政府社政機關，負責興建身心障礙和長照機構時，往往不夠重視衛政單位的意見。據聞，在某個設計長照機構的會議中，甚至有主管認為，重度失能者的住房不需要考慮房門開關問題，因為「反正他們沒有感覺」。聽著不禁讓人質疑，政府的長照，究竟是要照顧誰！

政府不時花錢去荷蘭考察，卻未見有人真正思考，荷蘭第一線居服員爲什麼由公衛護理師承擔？爲什麼被照顧者身體評估需由護理師擔任？如果基本觀念不改，再多考察又能如何？

這種現象反映在當下的長照體系，即臺灣積極推動的出院準備，出現了醫院資深護理背景個管師，評估病人返家需要的後續服務，和照管專員評估出院後照顧需求相差甚多（被照管專員刪掉了），導致後續居家服務無法眞正符合被照顧者的需求。

不可否認，社政單位也很重要，像個案需要申請補助，或者想了解有哪些福利權益，都需要社政單位的協助。但由社政單位來管理安養機構，在實際運作上有諸多不妥；如果管理者對衛政單位又欠缺尊重，長此以往，只會讓問題更加嚴重。

舉例來說，目前臺灣負責長照第一線評估的照管專員，允許由社工擔任，社工有專長，也更懂資源連結，但讓社工負責身體評估，則明顯不合宜。

挪威有幾所大學的社工系，已經規定學生需修習一年的醫學，以因應未來投入長照的需求。因此，因應長照人力不足，需由社工擔任照管專員情況下，應該要求社工背景的新進照管專員加強培訓，特別是針對身體的評估能力。

至於護理師，也不要自我設限，而是要勇於挑戰多樣的社區護理任務！若是連基層的護理人員，對預防保健都沒有正確的認知，眞是奢談長照。

曾有護理教授說，護理很重要，只是大家都默默付出沒有行銷，才會造成當前社政走在護理前面的處境。所謂行銷是多面向溝通，不是打廣告說護理重要，是要讓大眾知道護理在做什麼，該如何使用護理服務。

這個時代不行銷就等同拒絕溝通。在芬蘭，護理教育四大課程主軸之一就是行銷護理。荷蘭大學護理系的護理行銷，找來傳播科系教授授課。現在荷蘭風評最佳的社區護理公司，所有護理師都可以自己設計海報、四處溝通來行銷。

在長照領域，投入護理工作的人，時常被社工或其他工作者認爲他們只懂疾病。這到底是外人的誤解，還是護理師在當前職場表現就是如此？如果護理師本身就這樣想，那表示我們的基本教育有問題；反之，就要多與合作單位溝通，才能形成更好的長照團隊。

更值得一提的是，急性醫療和長照使命本質不同。社工如果認定護理只和疾病有關，以致對已有初步問題的長者視而不見，其後果是可以想像的。況且前端還可以進一步結合物理、職能、語言治療師，不應該等問題產生才想解決，如此才不至於分裂長照資源。

更重要的是，決策階層別一想到什麼，就如「起乩」般下令要全面推，這只會讓執行單位爲了業績湊數字而已。長照到底是政府亮點機器，還是要維護更多健康人口和幸福感？社政、護理和其他領域該怎麼合作，才是臺灣長照當前要改善的重要議題。

# 12・長照評鑑大點評

臺灣不少長照機構爲了應付評鑑，額外花很多心思與人力準備，但是否達到監督促進品質提升的目的呢？大家心知肚明。看看奥地利和芬蘭自主評量和邀外評方式擺脱表面文章，力促長照創新服務的眞實案例，也許有些値得我們師法的地方。

在奥地利遇見一位專門參與長照機構評鑑的朋友，分享了他們的制度與做法。奥地利的長照機構評比有兩套系統，一是基本安全和品質，例如消防有無按規定、人員照顧比等。通常負責不同項目的檢查團體會無預警來到，他們知道要問什麼、看什麼，所以機構不必準備一大堆文件，但也不能避免臨時查核；另一種是有些機構想要追求更好的社會評價時進行，評鑑結束可以公佈品質標章與內容，這也是本文接下來要討論的重點。

## 機構自主評鑑彈性務實 奧地利、芬蘭創新服務

這種追求品質的外部評比，通常由機構提出。奧地利政府社會福利部門會開辦遴選和訓練，通常徵募有護理和品管資歷的專業工作者，再經過兩年不等的在職訓練完成培訓。他們要學習如何詢問觀察，而不是花很多時間去看表單，一次查核就連續兩個整天，如此，機構很難作假。

這種機構主動提出的邀評，是因爲公共評價將影響社會形象，也會影響機構生存。通常覺得自己夠好，才會找人來評比。依照評比規範，評比者不能隨便打分數，任何扣分都必須有很明確專業的說明，且說明後，評比者要有能力給予建設性建議，要讓機構人員聽得懂，也感覺可行。

社會不可能因推廣在地老化就不需要機構，所以機構提升品質也很重要，不僅奧地利如此，芬蘭也在發展評鑑改革。芬蘭從二〇一七年開始不再由政府派人定期評鑑，而是走向自主評鑑。做法是比照類似旅館評鑑的原則，一方面廣發客戶意見調查，另一方面機構自行構思照顧改善創新與服務設計。機構每年把自己製作的報告傳給政府主管機關存檔，只有在住

民向政府申訴時，政府才會派員調查。換言之，鼓勵機構發展更不受限、更有彈性、更務實，符合在地的改善方式。

新的評比方式在芬蘭波爾法（Porvoo）施行。我曾親自去看過他們的營運、領導與改善方式。他們找來的長照教練已經變成顧問公司，這個改善成功的機構，其主任又變成同一城市其他四個機構的教練。

臺灣實施長照機構評鑑多年，不少機構爲了應付評鑑，要額外花很多心思與人力準備，但是否眞的達到監督促進品質提升的目的呢？大家心知肚明。

究其原因，可能法規不合時宜，或業者過度以營利爲目的，且有學術地位的評鑑者又距離實務遙遠，而出現把超收的人撤走、把不應裝又怕照顧糾紛不得不裝的監視器暫時收起來、把關人的鐵籠藏到陽臺，還有不只一種版本的營運資料等各種應付作爲，直到吃便當結束，就「警報解除」。近來有些機構被關切而改善基本照顧，反而要感謝許多替代役男，因不忍其慘況而勇於投訴。

每個國家國情不同，同樣的制度來到臺灣會產生什麼結果很難講，但是追求自重互信、自我要求、自主管理的心態，從長遠來看，比強迫和被動的檢查，應更有改善品質的動機。在照顧需要急速增加時，政府與民間除了不斷挹注資源，積極支持照顧以外，或許也得多花點心思，設計更精簡符合時代的評比方式。

不論是基本評比還是追求優質的邀請外評，走出學術拜拜式耗時費力、又讓基層照顧者很有感覺的講評，以及好好培養評鑑人才，邁向更有感的評比對話，是長照發展的重點之一。除此之外還要避免指責，提出更有說服力的改善方法。從許多很小但天天影響住民生活品質與尊嚴處著手，這才能幫助我們的機構照顧更進步，進步到評鑑委員老了以後也敢住進自己評鑑指導過的地方。

# CHAPTER 4

# 點亮生活價值

# 1・芬蘭家族月曆：凝聚家族向心力

藉由數位媒體，長居芬蘭的李西面家族每年編排家族行事月曆，彼此分享生活點滴。這一份年年更新的月曆，不僅讓家族成員更了解彼此，也讓李西面夫婦天天精采有活力。究竟他們是怎麼辦到的呢？

芬蘭是以創意聞名的國家，我有位老朋友李西面，因為八十多歲了，所以稱他老朋友。他從年輕時在臺灣服務就經常勸勉朋友：「要多看不一樣的東西，多經驗不一樣的事物。」因為這會刺激人脫離框架思考，用更寬廣的角度看世界和解決問題。許多芬蘭人也都是以這種理念持家教育。

有機會拜訪李西面夫婦，看到他們很是自豪滿意。原來，進入數位時代，他們的晚年也有很不一樣的經驗。他們有五個孩子、十五個孫子以及幾個曾孫，也傳承他們的理念到世界各地從事社會服務。家人四散各地很難時常相聚，但一份月曆卻讓他們每天生活有目標也很豐富。

## 兒孫家庭行事月曆 豐富高齡銀髮族日常生活

在電子郵件和數位媒體發達後，李西面夫婦跟分居世界各地的兒女們講好，每年十月底開始，由輪值家庭向大家收集所有親友的照片，以及未來一年重要計畫與發展等資訊，並將所有家族成員生日、誰要上大學、誰將生小孩、誰要去哪裡當志工等各式各樣的計畫，配合節日排入月曆；照片部分更是豐富、精美，包括結婚照、家庭小嬰孩、求學、旅遊等，均一一設計編排，呈現在月曆上。

雖然李西面夫婦使用電腦和手機沒有太多困難，但實體月曆讓他們更容易翻閱點名，也可以一次看到兒孫們的動態。對老夫婦來說，眞是拿起千遍也不厭倦，因爲每一張照片都是一串故事，心裡因此充滿感恩滿足，天天都活力充沛。

而且這本月曆和一成不變的老照片不同，年年更新，可以看到家族成員的成長變化，每一張都是老夫婦的自我尊嚴加分與認定。從老夫婦看照片，指著照片談話的表情，更讓人體會到，人恐怕只有到了那樣年齡，才能體悟他們的滿足慰藉。

另外，由於芬蘭文化，除了一般國慶、宗教節日，還有對芬蘭有特別貢獻者及文化重要

芬蘭長輩李西面家族用家族動態月曆傳承彼此顧念的家庭信仰文化價值。

名人日，以及正式本名之外的個人人名日，例如馬太、依路那、右加……好幾百個由民間自組委員會開會審查通過，就可以列在月曆的名字，稱之為人名日。簡單說，如果這天是馬太日，那麼全國名字中有馬太的，就會有人慶祝；相較之下，生日倒是只有十年大日比較受重視。

因為兒女多，且生活環境不同，李西面夫婦的孩子們也會將所有名字分別鍵入人名日欄位，然後在方格中記載這位晚輩的相關資訊。

芬蘭是非常重視小孩，並視孩子為獨立、平等個體的國家，這種做法正是看重每個人的表現。藉由月曆上所列的完整資訊，大家都可以預知近期有誰要做什麼，或是需預備給祝福或禮物，當然也知道什麼時候誰在忙，不要打擾，或者該去幫忙。

## 家族散居世界各地 體驗新事物互相成長

近年因爲這個傳統，李西面夫婦與兒孫相處變得很愉快，這和當年李西面夫婦需要坐船來臺灣，需要寫信發電報溝通的方式已大大不同。李西面認爲，與時俱進的同時，最重要的還是應該秉持一貫的生活理念：「體驗不一樣的事物。」

這種做法維繫了家庭生活價值，四代透過月曆彼此顧念。李西面很鼓勵小孩發展，所以月曆經常可見記錄了多樣趣味，拓展大家的世界經驗。例如，李西面這幾年來參加了西班牙與法國之間八百公里的朝聖路健行；讀體育大學的孫子，嘗試用足球帶動年輕人認識信仰，還自己發展一套訓練方法，辦營會融入生活價值倫理討論；讀社工的孩子畢業後打算投入吸毒者照顧，還有預備參加年度超級馬拉松等，都會詳細登錄於月曆。

其實用電子郵件向諸親友收集文字資料與照片整理成月曆，技術上一點也不難，重點在於藉由這種方式可以從很小、很基本、很生活化的地方，凝聚家人看重家庭，看重信仰，看重教育。這個家族如今關係更緊密，幾代兒女以服務世人爲職志，一起創造家庭價值文化根基。

在如今個人主義盛行，物質主義氾濫，離婚和家庭失和，甚至許多人不敢結婚的時代，李西面家族堪稱典範。尤其兩位高齡夫婦仍持續不斷學習，繼續感覺自己仍屬於社會的一部分，體驗不一樣的事情。李西面的生活似乎見證了一般人談老化，除了吃藥和運動之外，還有銀髮族健康的另一重要元素——因為豐富生活所獲得的心靈提升與滿足。

## 2‧誰掐住失智者的生命力？

很多失智者很想用自己的能力生活，很想和別人說話；可是旁人卻以異樣眼光看待，限制他們不能做這做那，以免發生危險，導致他們失去基本尊嚴，甚至加速病情惡化。許多專家著作提醒大家，不要輕忽、錯估失智者的潛力和能力，只要給他們機會，絕對會看到意想不到的奇蹟。

我在丹麥失智日照中心遇見一位將近九十歲的長者，用助行器步履蹣跚地走在長長迴廊上；不料他走到木器工廠後，竟然變身一尾活龍，自己量測鋸木製作多功能鳥巢，要賣給一般民眾掛在院子裡，專供隨意飛來飛去的鳥兒吃食物和休息。我告訴他，我在臺灣的銀髮族朋友，有些人想運動，老伴和兒女卻總是叫他坐下，因為怕出事。長者回說：「兒女決定兒女的生活，我的生活由我決定。就這樣！」長輩明確堅定的生活主張，和日照中心本於維持尊嚴和能力的失智照顧理念，讓他即使已經被診斷中重度失智，還能有機會這樣享有生活樂趣。

包括*Dementia The one-stop Guide*和*Learning to Speak Alzheimer's*以上兩本著作作者在內

的許多專家提醒民眾，不要輕估、錯估失智者的潛力和存有的能力，往往失智者很想討論病情，很想繼續用現有的能力生活，很想和別人說話；可是周圍的人卻以異樣眼光看待失智，或者覺得他們不會說話，認爲他們不可以做以前慣常的活動，以免發生危險，導致他們失去基本尊嚴。換句話說，造成失智者症狀加速惡化，可能不是他們的生理病情，而是我們對待他們的方式。

在臺灣屏東一間安養機構失智區，一天上午有一位照服員倒水給老太太，並開玩笑地對她說：「我這樣可以做妳媳婦囉！」沒想到這話題引起同桌老太太們的興趣，大家開始你一言我一句討論想讓誰當自己的媳婦，大家愈講愈熱烈開懷。後來，喝著水的老太太覺得照服員倒的開水太熱，還消遣說，這樣太壞不能做媳婦，「太壞，歐都拜的壞（閩南語諧音），這樣有聽懂了嗎？」

許多人都聽說機構的失智者會有對著牆壁塗糞便、躁動、亂打人、藏東西等行爲，但怎麼一談起甄選媳婦的資格，就能快樂地坐在一起討論呢？她們的確可能忘記剛才的事，可是處在快樂的當下，好像個個頭腦都有個資料庫，一下子把以前的資料全都叫出來了。這個場景持續了很久，加上照服員們爲了讓長者感覺彼此有參與互動，還回嘴開玩笑說這樣太嚴格了，老太太們聽了就更開心！

其實上述第一個案主雖屬中重度，但還保有生活經驗，身體功能也還好；第二個案例的長輩們行動不很靈活，所以坐在一旁，但頭腦還很靈光。這些高齡長者快樂地活在當下，只要我們給他們機會，生活品質就會完全改觀。

在臺北有一間失智養護中心特別安排長者排戲，其中有一位退伍軍官，排演十次有九次演得不一樣，有一次給他穿三顆梅花上校軍階軍服，但他排戲時卻融入中校情境，照顧者對他說那戲服就幫你肩上再加一顆梅花，只見這一位長輩嚴肅拒絕，讓照顧者覺得奇怪。後來才知道，原來中校軍階和他每次變換其他職務，不照原腳本演出，其實都是他一生經驗過的實際事例，所以不是來亂的，其次是他堅持中校不可以加掛一顆梅花，是因爲這是人死了才追贈，他知道這樣不對。可是，也因爲這一位退伍軍官每次排演一直換官階換角色，讓戲劇橋段充滿變化樂趣，讓投入參與排戲的人都因此感到快樂。

一位芬蘭長照教練曾說過，失智者若一直敲桌子，製造噪音讓周圍的人討厭；那我們可以想想，他的手臂肌肉明顯還有能力，可以做什麼？一位老太太一天換七次美麗衣服，照一般人生活處境來看，這位長者不正常，要制止。但更重要的在於，我們要能理解到她的身體與認知功能還保存得很好，可以開櫃子、舉起手換衣服、辨識美感，且樂在其中。所以，一直換衣服又何妨呢？或許衣服放回去時不一定保持整齊，但我們可以想想，如何讓長輩善用現有的能力，讓他們的生活更有樂趣？保證會讓失智者的世界更不一樣。

另一位芬蘭朋友說，不論小孩、大人、年長者，我們都要避免高高在上地看他們，要他們都聽我們的，而是要把人人看成「巨大的資源」（powerful resources）。

過去幾年，臺灣有關照顧相關教科書早已採用「優勢理論」提醒照顧者要看到被照顧者存有的能力，也說要用創新觀點翻轉照顧品質。這些理論與觀點，除了考試時要會寫，在照顧過程中還有幾個人記得？大家是否曾一起討論怎樣落實？這類訓練模式在丹麥照服員訓練課程中，可是有多達十九次的一關一關磨練，這類訓練思維也是荷蘭對新進失智個管師訓練討論的重點。

失智，是一種很難用藥物改善的疾病，但卻是仍可發展出許多生活樂趣的處境，上述專書提到我們要用心與靈魂（heart and soul）向失智者展現我們照顧者的誠意與尊重，以上幾個例子，讓我們看到這種原則的色彩。臺灣推失智共照，如果可以把人人看成「巨大的資源」，即使是有限的硬體環境資源，相信也可以產生不一樣的美好生活。

## 3・聖加侖仿古嘉年華：宗教改革傳承生活價值

曾經歷宗教改革洗禮的聖加侖（St. Gallen），是古早瑞士最繁榮的都市之一，當地七十幾歲長者們在宗教改革五百年紀念活動中，費盡心力重建五百年前社會生活原貌，希望以懷舊方式傳承過去生活價值與典範，找回人與人互動最眞誠的「人味」……

在瑞士聖加侖市廣場，許多長者努力架設古騰堡時代的印刷機，還要重新建置印刷功能，一旁還搬來很多樹幹與木屑，重建五百年前人民生活樣貌。這是當地爲了紀念宗教改革五百年歷史而發起的活動。

一般歐洲歷史提到馬丁路德發起德意志宗教改革，當時不僅馬丁路德對當時羅馬天主教表達不滿，全歐洲有一百多個城市都有類似風潮，瑞士也有十個城市，聖加侖是其中之一。瑞士德語區翻譯德文聖經的時間，甚至比馬丁路德將聖經翻譯爲德文的時間早，目前在聖加侖圖書館仍存有原稿，與圖書館一起被列爲世界文化遺產。想參觀者還要換上特製的棉鞋，避免傷害七百年前即舖設在圖書館裡的木頭地板。

## 宗教改革五百年紀念 長輩傳承聖加侖生活價值

這是聖加侖光榮的過去，在現代化大都市興起前，聖加侖是古早瑞士最繁榮的都市之一。在宗教改革五百年紀念活動中，由當地長者們一起研究，把五百年前的吃、穿、生活用品與娛樂重建起來，在廣場展示一天，他們想要讓現代人體驗的，不只是從感官滿足好奇心，更重要的是傳承宗教改革之前的許多觀念，像是宗教改革前社會對疾病、弱勢的協助和教會拯救世人的教導。由於當時戰亂頻仍，加上宗教觀念的影響，人們對工作的看法是必須辛苦地工作；可是宗教改革之後，認爲上帝已經拯救人，人只要相信上帝的拯救，就可以享受上帝的創造與更多生活樂趣；而不是把精神花在辛苦地工作，只爲了將來死後有好去處。

宗教改革帶動了後來蓬勃的經濟發展，逐漸演變成現代生活；然而這場活動想要反思的，不僅是宗教上的變革，而是重大社會運動可能影響人們的生活價值與生活方式。

住在附近鄉村開印刷廠的漢斯．穆德勒，邀集他「坐七望八」的好友們一起架設印刷機，組裝機器需要機械知識，因爲零件很重，組裝需要力氣，還有完整的鉛字版，要讓它可以用五百年前就使用的油印原料及印製方式，印出這地區的古地圖。印完了，紙張還得要像曬衣服一樣晾著，等乾了才能取。瑞士近代以精密工業聞名，但從漢斯等人重建印刷機可看出，他們以前應該就很崇尚手工藝。

漢斯與他的朋友們就和一般長者一樣懷舊，不過這次懷舊不是懷念童年，而是五百年前的環境氛圍，所以，他們事前花很長的時間考究、整套重建。當看到許多著古裝、扮古人者拿出手機，很突兀也很有趣，就像臺灣曾經傳閱的關公騎摩托車照一樣。在兩個籃球場大的廣場，全都是穿著古裝的人，在印刷機旁有民俗樂器及展示五百年前婦女織布的活動，也是現場織，織了還可以賣。沿路還有五百年前烤麵包的炭爐，以及全靠腿踩動的鼓風方式，在現場烘焙的傳統麵包，一個個大如籃球，還搭配五百年前製法的各類香腸，當時沒有冰箱，醃肉是主食之一也是重要的生活技能。還有皮件店、鞋店和打鐵店，展示與製作手工純皮純鐵日常用品，都很有質感，如今這些手工藝都被機器取代了。另外還有合力鋸巨木等各種木器製作活動，幾乎所有器具、工具不是鐵就是木頭或皮件，這和廣場旁玩具店，在艷麗陽光下飄揚的各種塑膠玩具形成對比。當時連杯子都是木頭做的，還有齒輪機械帶動的榨果汁機，一次可以丟進好幾個蘋果，還有婦女用木製刀具切割麥桿製作掃把。最後一區還有以前肥皂製作與油品生產，與皮毛業的展示。遠遠望去，好像重建了五百年前的整個市場。

這是懷舊也是傳承，年長者們一起考證重建，並邀來下一代與下下代一起實作。看到小朋友拿刀子練習切割小木塊，也許在父母看起來有點危險，可是以前的生活不正是如此嗎？

## 科技讓人更疏離？聖加侖懷舊活動尋人味

網路時代，漢斯感覺到現在生活步調很快，大家很沒耐心，社群溝通只要幾秒鐘沒回應就開始抱怨，世界好像多了很多抱怨、焦躁。從表面看來，網路速度快，可以讓人彼此接觸，但實際上人與人的關係，尤其是親人的關係，眞的有更親密嗎？當時的都市沒有電力，市民依然能好好生活；如今電力帶動都市化，一旦沒電，負面效應對大家的衝擊可想而知。

生活當然不可能回到五百年前，但想想過去，或許可以放慢腳步，把時間用來與人互動，這才活得更有人味。甚或進一步深思，科技不斷進步，到底會把人們的生活帶往何方？該如何才能永續保有人之爲人所當有的生活品質。聖加侖長者們辛苦溯源，弄了個這麼大陣仗的活動，如能觸動大家思索生活，那麼漢斯與他的朋友，從天亮弄了一整天，長達十幾個小時的勞動，也就值得了。

# 4・奧地利遊博物館：從糞便塗牆到學古畫

奧地利國家藝術史博物館，專爲失智者打造賞畫學畫VIP活動，讓人看到這個特定弱勢族群不同的陽光世界。看到重度失智者沉浸藝術、認眞臨摹原創，活出快樂，不禁想到我們的博物館應該多花一點心力支援失智者活動，幫助失智者找回春天。

在臺灣，多次聽到照顧失智者的人分享討論時，有些失智者會拿糞便塗牆壁的故事常被提及，聽著讓人感嘆失智晚年生活不堪和照顧艱難的無奈。行爲展現有時候是一種無法用口語表達的表達方式，又或者是時空錯亂下的一種反應，不是每個失智者都會拿糞便塗牆壁作畫。因爲聽到這些故事，就去臆測或預期自家長者失智就很可能變成那樣，也實在是過度憂慮。恐怕當事人還沒到那天，這種因爲聽來而造成的想像，就已經讓一些照顧者感到憂心忡忡了。

## 奧地利藝術史博物館 打造失智者賞畫學畫VIP

失智有各種不同症狀，每位失智者狀況也不一樣，本不能輕易相提並論，在奧地利，我們看到同樣是失智者的塗塗抹抹，卻是完全不同的景象與經驗，也是完全不同的生活世界。在奧地利的國家藝術史博物館及其周邊，本來就是奧地利世界級觀光區，終年遊客如織。在這裡我們遇見了十多位失智長者，正準備參加博物館規劃的欣賞、體驗名畫活動，在人群中他們打扮得漂漂亮亮，自能升降輪椅的大型巴士載到博物館門口，只是與一般遊客分開，由工作人員進出的門進入，接著由導覽人員牽手漫步到博物館內。這牽手的小動作，可就大有學問了，因爲重度失智者最需要安全感，尤其在認知不足時會更敏感，透過接觸和溫和的聲音、態度可以讓他們有安全感，在寒天時感受到善意的溫度。

這些失智者一路由家屬、專業照顧者、導覽者陪同走進繪畫活動間，早在他們到訪前一小時，這裡忙著削蘋果、煮飲料還有桌面擺盤，如同高級餐廳的廚師一樣用心，現在已經預備好五彩繽紛的茶點，還有新鮮水果、巧克力、餅乾等，目的就爲了讓失智長輩安歇時，可以感覺到這裡是友善的。

奧地利國家藝術史博物館本於人人平等享有的原則，發展失智者賞畫活動，並在門口接待長者。

奧地利國家藝術史博物館，不斷在發展特定弱勢族群的欣賞活動，每次根據現有策展和訪客族群特性，設定家庭、愛情、節慶、鄉村等活動主題，且根據主題推出一系列的活動。

當天活動主題是色彩，所以一進入畫室休息時，失智者就感受到五彩繽紛的氛圍，導覽者拿出礦石和香氣罐等實體物品，讓訪客觸摸、聞香，爲的是等一下到樓上欣賞主題畫作預做準備。這時，只見訪客們好奇和討論，導覽者也一一回答問題。其實，多數奧地利人年輕時未必都到過奧地利國家藝術史博物館，但這裡收藏的名畫中所描繪的生活，卻可能是他們所熟悉的歷史或鄉村生活。

由於這種團體的變數比較多，因此，從徵

詢機構要不要參加，到當日專車接送、引導順利與否，以及一路進入博物館參訪，都可能有突發狀況，所以設定一到兩小時的活動計畫幾乎每次都要保持彈性，才能讓訪客得到最大程度的快樂。

以這一天來說，長者比預期時間晚一小時才到，導覽者只好站在路邊吹寒風等待。第一階段歡迎和導覽預備會結束後，大家分批搭工作人員專用電梯上樓，抵達展間後圍成半圓，如此長者比較不會分心。

首先，以一五六八年比利時農民婚宴畫作爲主題——其中有上菜，有餐桌互動，還有宴會器物與熱鬧氛圍，主人在招待客人，但依照風俗新娘不參加。導覽者討論介紹過程，搭配拿起預備的絲綢、彩色羽毛和披肩獸毛等材料，根據講解畫中特定人物的衣著或飾物，讓長者實際觸摸，用更多觸覺配合解說，也是很舒服的體驗。

館內一樓活動間讓失智者等團體運用，搭配樓上賞畫。

館方提供多樣感官刺激方式，讓失智團體享受賞畫樂趣。

看完農民婚宴，接著是另一幅一五六五年冬天狩獵圖——獵人帶著狗群踏著積雪，要從森林回到村莊，疲累的獵人和狗只獵到兩隻狐狸，一旁有正在火烤的豬。這畫裡牽涉氣候、鄉村、謀生經驗、動物、自然界等多種元素，不同畫作提供多樣刺激。

一幅畫有時內容豐富甚至複雜，會考量失智者特性，採取局部解說欣賞，一次一個主題。至於要看幾幅畫要根據當日這群長者狀況而定。

## 臨摹體驗原創 失智感官刺激活出樂趣

回到剛來時接待的活動室，導覽者早已預備好顏色和工具，要讓長者作畫，在這裡畫畫沒什麼挫折感，因爲一切隨長者高興，這比起在日間照顧中心用投影片訓練辨識顏色，說出種類的活動要有趣得多。值得注意的是，實際作畫與剛才欣賞主題是相連貫的，預備顏料粉和好幾顆雞蛋混合當畫材，是因爲剛才欣賞的古畫原始創作時正是用這種方式。換言之，失智者來此不但欣賞名畫自己也畫，並且是學習臨摹、體驗古人如何創作，這眞是失智者的終身學習範本，值得參考借鑑。

失智長者欣賞作品後，回到活動間用原作方式創作。

許多失智者雖然記憶認知，甚至行動操控能力受損，但失智者並非植物人，且長者都飽經世事，如能選擇適合的感官刺激，仍能豐富當下生活樂趣，這就是有意義的生活。在這群長者身邊有許多機構照顧者陪同，有一位來自印度的男性看護就說，他發現被照顧者來參加這種活動顯得快樂，更重要的是，在機構裡不怎麼說話的長輩，來到這裡就很有表達動機，能與人互動。長者不但說話，更願意參與，感覺到自己的手腳還可以用，還能創作很多平日生活在機構裡看不到的作品。看到這樣變化，讓他興奮不已，而他自己也因此開眼界而舒壓。

上述這些導覽者並不是出身社工護理背景，只是一般導覽和活動帶領者，其中一位才二十幾歲。這位導覽者並不畏懼與失智者相處，也不覺得欠缺社工護理背景是個問題，因爲是大家一起幫助長者，同時這也是個學習的機會。她也曾遇過活動到一半就又吼又叫失控的長者，但不用擔心害怕，只要在適當陪伴下，多半可以繼續進行活動，因爲若能用心了解長者的意思，就會發現有時吼叫只是要上洗手間。

策劃這項活動的藝術史博物館研究員克魯爾說，館方進行這種活動已經四年，每三個月檢討累積經驗，現在愈辦愈好。在此之前他們已經累積各種族群定期導覽經驗，還將畫作發展出可以觸摸的立體層次，以及盲人和聾人專用聲控觸控導覽手冊，這些都是發展失智導覽的根基，善用溝通管道，讓他們和一般人一樣享有這些文化資產來豐富生活。

老人休閒理論早已說明，體驗和自由感是兩大重點，以上活動很符合學理期待。如果這個展館可以如此，那我們的博物館就更有無窮的潛力，可以支援進行失智者活動。仔細看奧地利國家藝術史博物館舉辦的活動，並不需要大量經費，而是館方和照顧機構的互相配合。只要一份心意，就可以讓失智者所生活的世界大不同。

# 5・樂齡教學有竅門

當臺灣愈來愈多銀髮族參加終身學習，我們的教學者是否也都跟上腳步，了解成人或老人教學法呢？對於閱歷豐富的長輩們，教學者需要多鑽研教學方法，才能掌握溝通訣竅。有良好的互動，教學品質與氣氛自然會提升，帶動長者學習動力。

有個中高齡者群聚的大提琴班，因爲老師有事，請個徒弟來代班。不料徒弟來教不到一小時，學生們就不耐煩，甚至直接問徒弟能不能下課。

其實，這是中高齡者學習的典型。當臺灣愈來愈多銀髮族參加終身學習，我們的教學者是否也都跟上腳步，了解成人教學法（andragogy）和老人教學法（geragogy）呢？臺灣雖然有很多長青班、成人班，但不代表我們教學者非常嫻熟敏感教學對象和正規教育的差異。

讓我們舉幾個成人與銀髮族的基本學習特性：

一、**成人為用而學：**成人對時間運用敏感，期待投入學習後能感覺到有在進步。如果教學主題或方式讓人無感，他們可能很快就會離去。自認看得多的長者反應更是特別直接。

二、**最好告知原因：**累積的生活經驗會形成認知框架，當教學者安排了進度和內容，在與學習者互動時，要避免一個口令一個動作。因爲成人比小孩更容易問「爲什麼」，所以最好能主動先解釋，以誘發學習動機。

三、**善用生活經驗：**成人閱歷豐富，所以教學儘可能善用學習者閱歷做爲例子，可以增加理解和興趣。即使成人對學習主題並不非常熟悉，也不代表老師可以完全忽視背景。背景可能形成障礙，但善於引導，也可以加分。

四、**關注個別差異：**成人因從小有不同學習歷程，以及進入社會後長期生活方式，以及學習時仍有多樣生活作息。這些因素導致成人有相當學習優勢、學習障礙、學習偏好。這些歧異性可能使人人適合不同的學習步調。即使同聚一堂，挫折和疑問也大不相同，教學者要謹愼觀察。

五、**數位學習輔助：**爲節省時間，現代常把可以各自按適合時間與步調自我學習的素材，轉爲數位學習。當大家累積先備知識，再面對面學習，以拉近差距增加學習效果。教學者設計時要很注意學習者背景，才不會讓學習者覺得過於幼稚或過於艱深。

**六、重視集體氛圍：**成人學習很在意學習氛圍，有時最重要的不是學到多少，而是從參與中感覺到歸屬和樂趣，覺得自己不孤單。這種參與動機在長青班更明顯，因爲這是主要社會接觸來源。

**七、非常排斥壓力：**成人適應社會歷經不同程度的遷就與妥協，加上身心老化，很多人已經沒有幼年時單純。他們有很強的自我意識，對於任何學習過程產生的壓迫，忍耐度可能較低，或者不願在學習時再消耗能量，來應付職場外的壓力。所以教學者要很留意反應。

**八、期待隨即有感：**成人學習若非爲謀職，則可能更多期待在有助分享，與增進人群關係。所以，學了一點點或學了短暫時間，如能展現所學，讓他人分享成就，將更容易持續學習。

從以上諸點來看，代課的徒弟會踢到鐵板不難理解。因爲徒弟面臨的班級管理，和小學生與幼稚園不同。教成人更不能用塡鴨式，要能營造良好的互動氛圍。何況學習者慣於老師帶領，這種不適應，等於花了時間沒得到預期的滿足。

上述各種理念源於北歐的丹麥，是近代成人教育始祖國。當人口高齡化，丹麥轉而發展老人教學法，所以樂齡大學很多。他們的長者學得很愉快，因爲他們的老師大都熟悉老人教學法。教學者會自己找資源學習如何教，來幫助不同的學習者如何學。長者能從學習中獲得樂趣，但不又只「學個概念而已」這樣膚淺。

高齡社會還有更多潛能，而且臺灣六十五歲左右還有八成五是健康的，少數才有聽覺視覺與認知障礙。不論學琴，還是學語言、電腦，甚至學照顧，若我們重視成人教學法，則不僅上述提琴班的不快可以減少，讓上了年紀的國民更快樂、更充實地的學習。

## 6．自給自足的樂齡大學

爲鼓勵長者終身學習，教育部以補助要求各級學校主辦樂齡大學，但學校教職員事務繁忙，未必有意願投入樂齡學習的領域，加上長照負擔日漸沉重，一味補助不是最好的辦法。借鏡荷蘭與以色列，我們或許能找到適合的方法。

臺灣人口高齡化快速，最省錢，且有趣的延長獨立自主方式之一，就是鼓勵長者社會參與和終身學習。

目前除社政體系的長青學苑，教育部也發展樂齡大學和樂齡學習中心，以補助責成各地大學或中小學承辦，並定期追蹤拓點狀況，並有若干課程已能自費開課。

教育部要求各級學校主辦樂齡大學的想法，無非是想讓少子化後閒置的教室得以活化，又能幫助長者。最好能再喊出個「鄉鄉有樂齡」的響亮口號，就像以前「一鄉一特色」，以及現在的「一鄉一日照」等。

只是，承辦樂齡學習對有志於此的教育人員還好，但對於只想做好原職的教育人員可就苦不堪言。爲此，有學校甚至產生了校內老師們抽籤決定，由誰來承接業務的窘境。對基層單位造成的困擾與消極應對，背後隱藏著的是看不見的社會成本。

除了中小學承辦還不夠，之後又開放社區發展協會等民間團體參與。雖是好事一樁，但對主管單位而言壓力不小，必須努力在各地找承辦單位，最好是已經成熟有知名度，保證能快速接手者。於是就衍生出某些活躍的地方組織既接關懷據點，又接樂齡中心，還可以再接點任何政府部門急著產生政績，或推廣新政策計畫下的業務。這並不等於一個地區更多平民得到福利與照顧，或眞的走向普及延長獨立自主的政策目標。

地方組織面對社政、衛政、教育，甚至民政、警政不同部門徵案，有收入，何樂不爲？但臺灣長照的負擔日漸沉重，國家到底還有多少錢可以這樣花用？

回頭想想，長者學習活動未來如何更能自給自足呢？看看以色列興盛的樂齡大學，主事者先以低價的好課程吸引人潮，再鼓勵他們當志工協助課程經營，既節省人事成本，又得到素質、意願高的志工。至於經營地點，專挑音樂廳、圖書館、博物館等地點來舉辦，因爲這樣長者不僅可以學習，同時增加社會連結和生活樂趣，跟到中小學閒置的教室上課，感覺當然

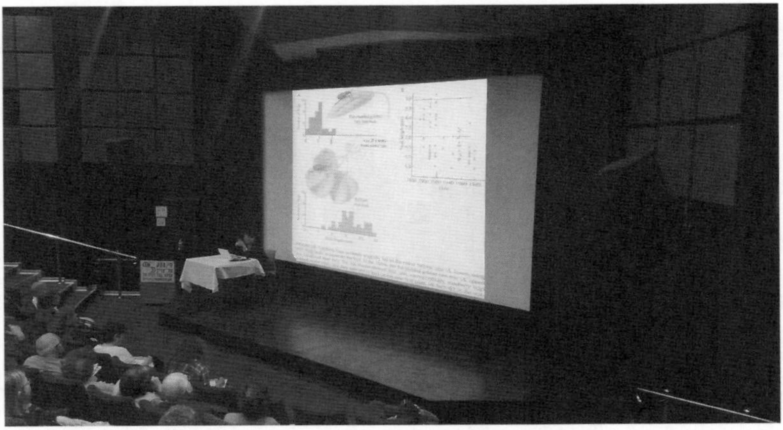

以色列樂齡大學不找閒置空間，而專找像電影院這類熱鬧地方開課。

完全不一樣。

以色列的樂齡大學不要政府補助，這樣一來不必受制於制度，二來自給自足讓長者更有尊嚴。從新創產業，到好萊塢配樂大師來解說如何用古典音樂配樂，每堂課都有好幾百人，大家開開心心地上課。

許多以色列長者因此不再坐在家看電視，孤獨的人也有好去處。以色列諺語說，老人不買綠香蕉，因為生命難測，但現在卻願意花錢預定明年的課程。

荷蘭樂齡大學更興盛，全國有四萬多人，各地都有分部。不用政府支持，課程也是想學什麼就學什麼。由現職教授和退休教授參與的教授群，為長者設計專班，和研究生一起合作帶領，以十次到十二次一輪，長者可按自己喜好課題做研究，也要發表成果。儼然彌補了年輕時求知遺憾，又結合人生經驗來創造知識。我認識的一位退休油漆工，正在研究數學，也當了課程主管，專門負責和歐洲各國樂齡大學互訪交流。

臺灣的確需要樂齡學習，而且應該給更多人學習機會。細觀臺灣許多長者，是被升學教育和壓迫式教育犧牲的一代。現在社會變化快速，若能有機會讓長者藉學習來適應社會，一定比天天想著病痛好。

有人質疑，我們的長者沒有他國那麼大的學習興趣，真的嗎？怎不想想我們給的是怎樣的氛圍和機會呢？行銷溝通是否深得人心，講者的投入意願、使用的語言都是原因吧！看看荷蘭、以色列做法，再看看臺灣樂齡學習發展，還有很多進步空間！

以色列樂齡大學課程深入多樣，包括基因工程等，吸引許多人學習。

# 7‧銀髮志工體系大挑戰

愈來愈多六十五歲以上銀髮族投入志工服務，這種老而不休的社會趨勢，不僅挹注國家勞動力資源，更減輕政府社福與醫療照顧財政負擔。面對愈來愈多長輩投入服務行列，政府在管控、保障與服務對象篩選等問題，都需要有更好的因應對策，才能創造友善高齡的健康社會。

有一位快八十歲的長者樂於服務，他不久前參加志工團，這個志工團團員大都是銀髮長輩，服務對象也是年長者，目的是希望健康的長者多參與社會，幫助失能長輩。長者幫助長者，溝通步調相近，本是好事。不料這位熱心的長者到失能長輩家裡幫忙後不久，手臂開始發癢，經就醫確診是疥瘡。這位感染的志工到地方政府社會局想要申請保險補助；但志工雖有保險，官員卻表示生病不在志工投保意外險的給付範圍，所以無法申請。之後，志工團表示願意善後，湊錢幫長者付了醫藥費。

只是政府的回應讓這一位長輩耿耿於懷，從此凡是志工訓練講習或各種座談，他都要舉手講這件事，希望政府修改制度。

## 保險有年齡上限 誰來保障年長志工？

目前志工團正與地方政府研商，如何將感染疾病也納入志工保險範圍，但是還有另一個問題，就是一般志工保險只保到八十歲，那八十歲以後呢？八十歲以後如果身體仍健壯，想當志工也無不可。因此，未來怎麼保障更年長的志工，就要看地方政府如何想出好辦法。

不過，這一位感染疥瘡志工的故事還沒結束，他雖然感染疥瘡，卻因爲捨不得或害怕寂寞，而繼續串門子服務。雖然志工團早已勸他在家休養，可是他聽不進去，甚至還用袖套把復原中的皮膚遮起來，這可是有感染別人的風險，所以志工團很傷腦筋。

又過不久，這位長者熱心地跨縣市服務，到一位嚴重失能的長者家中幫忙，不料被失能長輩的家人嫌東嫌西，嫌他能力素養不足，恐怕有讓家中長者跌倒的疑慮。這位志工又受傷了，這一次是心裡受傷。他抱怨，地方政府媒合志工服務時，怎麼沒過濾好，讓年長的志工去服務失能如此嚴重的對象？以上故事難道只是特例嗎？當然不是。

在銀髮志工中，這種很堅持己見，遇到挫折記得特別清楚且耿耿於懷的人，恐不在少數。長者樂在服務是好事，但如果願意參與的長者大幅增加，平均歲數也持續增長，上述所提到的管控、保障、服務對象篩選等問題，的確都需要有更好的因應對策。

## 友善高齡創雙贏 年長志工制度亟待建立

長者身體健康、沒有失能，不代表免疫力還像年輕人；年老後因為怕被別人說無能、怕別人嫌棄，可能因為更怕失去僅存的尊嚴，特別鍾愛某一樣工作，因而隱瞞身體狀況。因此，儘管長者看似外表健康，但對於需要平衡、肌耐力與快速反應的助人工作，到底該如何找到當下的個別極限，的確需要與時俱進的設計，甚至需要透過專業研究來找到答案。

在芬蘭，面對以上問題，不僅有管控防護基本知識，在職務、體能等方面也都有研究和規則，如此至少降低志工服務衍生的爭議和風險。

至於體能風險，有的志工團體還創造雙人服務制度，以一位年輕人搭配一位長者，並界定服務項目，讓服務有分際、有品質，而且這樣有伴，可以交流傳承，也避免讓長者到別人家裡時，單獨面對各種可能發生的問題，束手無策。嚴重失能者，需由專業照顧人員處理，也不會有人貪便宜想用志工來降低支出。

至於保險，如果國家已爲每個人提供足夠的保險，就不需要特別再爲年長志工提供保險，或者只要保特定項目，並有對應招募年齡的保險。臺灣可能要從自己的體系，基於高齡友善理念，開發適合且周延的制度，才能讓愈來愈多的年長者與超齡志工繼續趴趴走。若繼續維持舊制度，就會出現許多還能也還想服務的志工被迫回家，可能因此更快失能，而需要更多年輕人照顧，相信這也非社會之福。

# CHAPTER 5

# 走訪各國集思廣益

# 1・日本：「照顧經理」與嚴謹的評估制度

政府推動長照已有一段時日，爲什麼挹注這麼多資源，還有人抱怨成效不彰、服務不到位？有時固然是少數、個別問題，但未見決策官員深入了解，我們的服務輸送流程與品質穩定度是否有問題？看日本嚴謹的長照人才養成和專業流程，有沒有臺灣可以比較參考的地方？值得關注！

「你們家怎麼那麼亂？而且好熱喔！怎麼沒有電扇？」

「你怎麼在家？」

「你沒工作怎麼有收入？」

如果有人到您的家裡訪視，剛進門就這樣問您或您的父母，您的感覺如何？以上是眞實發生在南臺灣的故事，負責政府推動長期照顧的訪視員，對有需求的客戶提出上述這些問話。還有長期照顧管理專員（以下簡稱照管專員）只顧著猛抄長輩的藥品，讓家屬氣到把他轟出去：「你只管我先生的事情，可是辛苦的是我……我不要這個服務可以吧！」

過去一年，政府大力推動長照，希望快一點讓服務輸送到位，同時又想推動包含延緩失能等在內的多項計畫。殊不知，這些工作要有品質，要避免預算不浪費，同時要讓眞正需要照顧的人得到妥適的服務，促成要件很多，其中關鍵之一就在照管專員身上。照管專員隸屬各縣市政府長期照顧管理中心，各縣市依失能人口數和業務量，編制從數十位到百位不等，照管專員之上還有照專督導。

## 照管專員良莠不齊 被照顧客戶服務難到位？

照管專員對客戶能得到什麼樣的服務影響甚大，因此，他們怎麼觀察、溝通就很重要，當然也是影響國家資源運用是否恰當的關鍵。不少地方政府衛生局接到客訴，認爲照管專員姿態高，無同理心，如同來抄水錶應付了事，或者評估有問題等，以致主管常要開會討論怎麼改善，積極尋找訓練方式改善服務，但也有照管專員自認已經很專業，沒有問題。

當民眾有需求時，打電話至照管中心，幾天內照管專員便會到府了解失能者的狀況，並進行評估；評估方法包括帶著評估載具，了解客戶生活需求和不便之處，然後回到辦公室，將評估資料一一登錄電腦，接著判定客戶屬於哪一個失能等級，再視長照相對應的補助額度，與家屬確認可使用居家服務內容、物理治療等專業服務、輔具、居家無障礙環境、喘息服務等申請，最後交由配合的居家服務公司執行。以上是臺灣執行長照評估的大致流程。

在政府急推長照後，地方政府也跟著急招更多照管專員，以因應需要四處奔波評估的任務。而原本就已經吃緊的照管專員人力與繁重業務，在新制「一〇七年長照給付及支付標準」匆促上路後，原本採用服務時數方式改由依項目給付，結果導致有些受照顧家庭費用大增，更引發服務品質下降等諸多疑慮，這其中照管專員的評估，更是直接影響客戶可以取得什麼樣的服務，以及給付額度的關鍵。

## 長照資源用在刀口上 誰最適擔任照管專員？

誰有資格擔任照管專員呢？基本上，長照相關科系、具有醫療專業（包括護理師、職能治療師、物理治療師、醫師、營養師、藥師等）或社工背景等，大學畢業，具兩年實務經驗，專科畢業則需要三年以上實務經驗。實際上目前照管專員有一半以上是護理人員轉任，畢竟身體評估還是他們的專業。

然臺灣現階段照管專員身分，仍屬聘雇職，並不屬於政府正式公務員編制，加上要家訪，如果不是對公共衛生有很大興趣，可是會覺得這是一份很辛苦的工作。因此，也有不少人持觀望態度，希望等列入公家考試後再考慮。

照管專員的工作，實際上許多時間用在溝通、觀察及連結資源，為有長照需求者及其家人提供最適切的服務。那麼除了專業條件外，具備什麼特性的人，較適合來擔任照管專員重責呢？以某地方政府招募照管專員為例，經過初審的學歷背景審核後，接著參加有四十題長照知識的筆試、電腦能力考試，然後還有面試。通過了，就可以開始照管專員的工作。幾年前我參加訓練時，每年還有全國照管專員聯合新進人員教育，必須去學習五天以取得結業證明（丹麥是五週）。

每個行業從業人員都有其價值，只是像照管專員肩負著這麼重要的工作，他們如何確保評估客觀，不濫用資源，更不會為了績效而扭曲工作，目的是給客戶最大的幫助，讓他們活得更有品質，需要依靠高素質人才以及完善的制度才得以實現，或許日本現況可做為參考。

## 人才養成＋完善制度日本長照嚴謹的專業流程

在日本擔任照管專員的人，其職務稱「照顧經理」（Care manager），資格與臺灣相似，但涵蓋面還包括牙科助理、柔道整復師、視能訓練士、指壓師等種類，背景比臺灣多元，讓我們看看他們所接受的教育訓練，比較臺灣專業人才養成過程，了解兩地人員素質和專業承諾有何差別。

在日本，不是只有學歷資格就能擔任照顧經理，還要有五年工作經驗，然後參加考試，考試範圍涵蓋醫學常識、一般常識、法律知識等。想想很有道理，因爲到府評估不就需要這些素養嗎？

爲了通過考試，許多人會去補習班，根據在日本執業、來自臺灣而且也通過這種考試合格的木村醫師說，這幾年報考日本照顧經理及格率約兩到三成，不如想像中容易，且通過考試後還有兩天訓練，除更新政策資訊外，還有實作照顧計畫練習，之後才可以開始工作，且每兩年還要再進修，才能保住資格。實際上，有些地區有四成照顧經理是由照服員轉任，不一定非得是護理師才能通過考試。這顯示，日本照服員的進取心和學習力的確很紮實。

另外，日本評估體系也與臺灣不同，如同文章開頭所提，臺灣是由一位照管專員去拜訪客戶，然後就由這位照管專員來評估決定。但關鍵在於，臺灣私人診所林立，照管專員目前無權調閱各醫院病歷，相關資訊都要從客戶取得，若老人家講不清楚就麻煩了。也許照管專員可以從長者服用的藥物多加了解情況，但以我數年前全程參與訓練的經驗來看，臺灣照管專員在五天的新進學習訓練中，實際上只教了幾小時藥物相關知識，說明學名藥、商品名藥，和一些基本的用藥與食物衝突，以及社區藥局功能等，如此而已。

日本的評估過程相對比臺灣更加細緻繁複，還有多重匿名審查機制，且評估流程會動用兩位照顧經理。當客戶有需求，可能是來自醫院通知或家庭通知，之後就有隸屬政府公家體系的第一位照顧經理出動訪視，這位借調自公立醫院的照顧經理具有公務員資格，一般來說，一次借調服務兩年，有點像臺灣衛生所的公衛護理師。

照顧經理會攜帶評估表格去拜訪客戶，並將申請者的健康資料填入，同時還要調查客戶的經濟狀況等背景資料，之後將資料輸入電腦，系統便會顯現判斷結果；同時，客戶需要找一位主治醫師，對客戶基本健康與特定疾病提供書面意見。這位醫師與照顧經理彼此並不認識，也不知道對方的評估和意見為何。

以上兩份評估資料會一併轉呈給評估小組，小組成員有社工、醫師、治療師、護理師等，這個小組的功能是以專業人員角度進行聯合評估，判定客戶失能等級。評估流程至此，客戶失能等級有了答案。整個評估過程，客戶是不需要付錢的。

評估小組開會時，並不認識前置評估作業的第一位照顧經理和主治醫師，但第一位照顧經理登錄的資料會完整呈遞給評估小組。因此，照顧經理所記錄的資料如果與主治醫師評估差很多，或是客戶原始基本資料和照顧經理鍵入的意見差很多，可能會影響照顧經理的專業形象。

客戶取得小組評估結論後，如有不同意見，可以反應到第一位照顧經理的工作單位，若有必要，可以另派一位進行重評；若無爭議，客戶被判定屬於兩種支援等級和五種照護等級的哪一級之後，即可就近在住家附近選擇提供服務的公司。這時就會有來自居服公司的第二位照顧經理，根據前述所有資料，與客戶討論、告知所屬體系有什麼資源，並確實了解客戶關心問題的重點及優先順序（因爲等級不同，介護保險補助也不同），然後擬定照顧計畫。在日本，一個照顧計畫實施期通常以半年爲期，客戶要自付一成費用。第二位照顧經理通常在每個月會去了解服務實施和客戶需求有無需要調整（臺灣通常半年才會進行訪視）。

通常以上所有流程無時間限制，視客戶和對方同意的時間即可。第一階段的審查結果通知是一個月以內，若照顧經理經驗豐富，也許在幾天內就可以處理好，或者因爲出院前已經進行評估所以縮短時間。第二位照顧經理則是協調、幫客戶找居家服務等，讓服務開始運作，或是介紹到日間照顧中心，以介護保險支付，由物理治療師等接手，設計後續復健活動。

日本的日間照顧中心功能多元，可以看到很多物理治療師在幫助長者活動，非常熱鬧。反觀臺灣的日間照顧中心，相較之下比較像托育所，尙欠缺以上功能。目前在臺灣多數物理治療師工作是依照醫師開的復健內容和次數，來協助長者進行復健，但在日本、荷蘭和北歐國家，由物理治療師自己設計復健內容的比例其實更多。之所以有如此的差異，不僅來自制度，也來自訓練和專業態度。

照顧經理不僅負責以上工作，如果客戶家屬要喘息，需要將臥床長者暫時送到住家附近的安養機構幾天，也是由照顧經理來幫忙。

由以上流程可見，日本招募照顧經理不僅比較嚴格，流程也比臺灣細緻，時間也較長些，總判定也是由多位相關專業人士聯合討論，而不是期待由一個照顧經理就能進行總判定。如果臺灣的照管專員在評估過程中，不打算多詢問醫師或其他專業人士的意見，最終評估品質與核定服務恐怕不夠客觀、精準。

## 如何確保服務輸送品質？

臺灣已有部分縣市在長照2.0想仿效日本的第二位照顧經理制度（稱A個管），但過濾人選和訓練方式可能也要考慮到日本同樣職務所要求的素質。否則，一旦實施可能又有問題。因爲第二位照顧經理不只設計聯繫若干個別服務項目，而是要具有整體觀察客戶生活需要，且擬定完整照顧計畫能力的人。至於客戶量，日本負責撰寫、評估照顧計畫的照顧經理，基本上一個人負責案量爲四十位，案量增加，則相對要配更多的照顧經理。

臺灣長者在持續增加中，照管專員若開案少，有時被認爲是服務不力，但有時多開案也會引來爭議。另一方面，照專在整體的評估過程中，又可能引起客戶對照管專員溝通態度的意見，甚至認爲他們把客戶當成想占便宜的人。凡此種種誤會、衝突與耗損，追根究底都可能與我們的制度設計有關。

木村醫師強調，日本照顧經理制度是參考歐洲，以社會安全保障的精神，而不是社會福利精神設計的*，民眾在四十歲以後開始繳交介護保險費用，日後有需求時就可享有這些服務。

社會安全保障和福利是兩種不同的想法，臺灣看病有健保，長照本來也是要推保險制，努力預備多年最後改掉，如今靠菸捐等不夠穩定的財源，而評估服務系統和徵才也還有很大改善空間。若繼續目前的做法，在面臨更多長者失能和新政策想推動時，都可能形成阻力。政府決策官員有時候也感困惑，爲什麼撤下了這樣多資源還有人抱怨，有時固然是少數、個別案例，但服務輸送流程與品質穩定度，實在是不容忽視的問題。

* 日本以前的安養院是用以接待低收入的國民，費用全部由政府負擔。

## 2．以色列：重視跨域合作 輔具物美價廉

以色列的復健重視跨團隊合作，並強調身心整合與認知模式，讓客戶有尊嚴且更有效達到復健目標，此外在民間單位的支持下，輔具不僅流通快速且貼近生活需求，最重要的是價格低廉，人人都能獲得最適合的輔具。對於正發展長照服務與推廣輔具資源的臺灣，以色列豐碩的成果相當值得借鏡。

### 尊重失能長者的「人味」復健

中風與失能後的醫療復健本來就不容易，且因爲後續日子要如何恢復最大程度生活自主能力，更是一項艱辛的挑戰。復健需要資源，包括空間、器材、科技設備，更重要的是，如何激勵動機，讓復健過程有尊嚴，以便和過去正常生活的世界接觸互動，爲未來重新導入正軌預做準備。

我曾到以色列這個以創新著稱的國家，拜訪醫院的復健中心，一如先前我對以色列的印象，這個國家很務實，許多場所不一定如歐洲豪華，但很重視效能。尤其這一次還看到了醫院深具「人味」的部分，其中復健中心裡以人爲本，對失能長者的高度尊重的氛圍，更令人感動。

## 恢復獨立自主 職能物理治療最重「認知」

與職能治療師一起到活動空間時，已經有五位長輩在等候，最年輕的也已八十五歲。這些長輩，有的摔斷大腿、有的二次中風，也有無法自主行動的，肢體多彎一下還會疼痛，還有人剛完成手術後不久，不只肌肉骨頭待復原，認知反應也受到影響。

這個復健中心有醫師、護理師、職能治療師、物理治療師和語言治療師等，他們非常重視團隊合作。在臺灣，治療師多半是在醫囑後根據醫師開的處方執行復健，但是在這裡，治療師自主性更強，他們大多數對與人互動、如何支持人有興趣，如果說他們具有考上醫師的能力，也不足爲奇。

回到活動間，職能治療師歐莉特正要開始帶領復健活動。她說，這裡的規則是只要有長者在活動間進行團體活動，所有在同一空間的人也都要一起做，沒有任何人旁觀。一方面是所有人都做，容易激勵大家也跟著做，另一原因是，這表示對在場失能長者的尊重，也就是不把他們當「異類」看。

歐莉特說，每一種復健動作都需要解釋給長者聽，讓他們明白為什麼要做，這和以前我在丹麥學習成人教育教學法的原則一樣。她在坐輪椅者的腳前放了板凳墊腳，以免彎下腰時因重心前傾而翻車。首先，歐莉特用聯想法幫大家學習記住彼此的名字，她說，不管是哪一種失能，保住認知能力非常重要，因為認知能力將主導動作、反應和溝通能力。如果認知退化，就難學習復健，更可能二次中風或摔倒。而且，維持認知，才能談獨立自主和參與生活決定。儘管並非所有動作都能如生病前般自如，但至少還可以表達意願。

歐莉特要我也參加失能復健長者群體的團體運動，她向大家介紹我以後，接著讓大家各自拿起半公斤左右的塑膠球，做各種動作強化肌力，並模擬對應在生活中取物穿衣和綁鞋帶要用到的姿勢，完成上下左右各種運動之後，還有運動後暖身。她要大家輪流用希伯來語和英語倒數十到一完成動作，也想到請我用中文幫大家喊一次，增加活動趣味和吸引力。

## 破除專業本位 治療師與家屬互動合作

另一個復健空間，有一位以色列知名教授在做復健，他用電腦電玩練習手指靈活，滑鼠也有各種替代工具，配合練習各種不同的持有方式，目的都是希望所有復健能更針對目標而且更有趣，他的太太在旁邊一直拍手鼓勵。歐莉特覺得這是最好的復健模範，她說，研究顯示，家人支持大大影響復健意願和效果。

這位教授的妻子稍後用「費登奎斯法」（包含「動中覺察」身心整合復健方法）幫先生按摩，刺激各部位神經重新找連結通路。歐莉特在一旁看著說，擔任治療師要以開放的態度和家屬配合，如果家屬有不同的方法，治療師可以用知識判斷，如無大礙原理又說得通，就鼓勵、支持家屬去做，而不是因爲自己沒學過，就否定人家。教授的妻子說歐莉特眞是這樣的人，很慶幸可以與她一起協助先生，但也不是所有治療師都這樣開放。

由物理治療師接手這位失能教授，特別重視肩胛骨部位的旋轉按摩，希望增加神經連結敏感度。復健過程中，資深治療師會教新進者怎麼做，再由新進治療師幫病人按摩，資深治療師同時也在幫新進者按摩，這種主動和被動並用的復健，與單純的電療不同。因爲不同治療方式有不同的用途，要尊重醫師與治療師的專業。若能更積極、更個別、更多互動與更多團隊發想與合作，更能落實復健目的。

這裡的團隊互動緊密，每週不同領域的照顧者要開會討論如何幫助客戶，資深物理治療師說，這種討論讓不同領域的人聽到別人怎麼看問題，以及有什麼補強的做法，所以每次開會，大家都學到很多，而且知道別行的人怎麼想問題。爲了團隊效能，他們每一個月還有跨領域月會，輪流邀請不同領域的人，報告分享自己領域的復健相關新知，讓彼此學得更廣。

曾在這復健中心擔任護理老師的瑞納說，跨域溝通太重要，舉例來說，護理師掌握客戶如何使用安眠藥和服用時間，那麼配合治療師晨間復健計畫時，就絕對不可讓病人在半夜兩點後使用安眠藥，以免影響第二天復健。同時，護理師也可以配合治療師對客戶復健的反應，來綜合判斷客戶的身心現況。

## 長照、復健跨域整合 職能物理主導醫護合作

這些長照和復健中心的跨域團隊配合，和急性醫療中如開刀團隊有些不同，復健中心團

隊更重視觀察討論。治療師解釋說，若以金字塔來比喻，急性醫療醫師在上主導；復健中心的金字塔則是倒過來，一群治療師在上，因爲他們學習很多種評估方式，他們每天至少與客戶相處一、兩個小時，醫師只有幾分鐘。所以治療師的觀察和意見非常重要，可提供醫師參考。因此，醫師來復健區時也都儘量給治療師最多的喝采支持。

爲了幫助失能者能獨立自主，以色列有很多民間復健輔具發展中心，除了免費借用數百種輔具的「撒拉之手」（Yad Sarah），還有有客製化研發輔具的「米勒巴」（Milbat），有六百位來自國防科技和退休的機械電子專家，協助研發更適合的輔具。例如，將家庭安全和需要加裝輔具的諮詢，變成可電話接聽以及 APP 自動程序版，也就是任何人都可以拿著手機，按照程序對浴室、廁所、客廳等進行程序性檢核，然後電腦就幫會您計算，提供明確建議，再去購買，如此就能幫許多如無頭蒼蠅般的家屬和客戶，節省很多時間與資源。

以色列因爲這種民間支持研發，用很低代價發展很多簡易器材，改善失能者居家生活和工作能力，許多構思就是運用現有的器材改裝，例如汽車窗戶的馬達裝在畫架，就可以讓只有嘴巴能動的人咬著筆去控制畫板作畫。這樣，許多失能的人可以繼續貢獻社會，至少降低對別人的倚賴，還能發揮自己的才幹與潛能，這就是人性的尊嚴。

## 輔具廉價實用 人人買得起

隨著臺灣高齡化與身心障礙族群日益受到重視，支持失智、失能者能獨立自主生活，已成爲重要課題。

目前政府積極發展各種輔具需求評估，並在各縣市設立輔具中心。科技發展應配合人們生活方式差異及個別生活期待，各種輔具的實用性與價格平民化也很重要，這就需要集思廣益發揮同理心，才能嘉惠大眾。

以色列輔具發展很重視實用、價廉，其產品與發展機制有許多可借鏡之處，他們不但幫助失智失能者，同時鼓勵更多人投入參與、貢獻智慧。

了解以色列的輔具創意之前，先跟讀者分享一個故事：十多年前，我在高雄美濃與長照中心照管督導一起訪視長者，這戶人家老太太因脊椎受傷穿鐵衣，上床下床都很辛苦，督導還看到老太太的床很低，這又增加起居不便與風險。於是督導建議換高一點的床，以當時的制度，可能可以申請補助去買床，且老太太經濟情況不算差，她的孩子們也可以供應，但是她不願意花錢，因而這個起居風險無法改善。

## 到廉價輔具流通平臺挖寶 聯國秘書長讚許

### 撒拉之手

之後我在以色列世界知名的輔具借用中心「撒拉之手」，看到他們生產很多約十公分左右小小的四方木頭盒子。原來，這是專門用來給需要改善床腳高度，又不想買新床的人使用，木頭盒子可讓舊床腳插入，四邊高度還可以調整。如此，既可只花少許費用，又可讓睡慣舊床的人繼續使用原床，比起買新床，的確省下很多錢。

這只是一個例子，撒拉之手最初起於有人需要擠奶器，剛好有人孩子大了，放著也沒用，於是有人媒合來幫大家省錢，後來發展出更大規模，並且招募很多志工維修清洗大量擠奶器。這些志工涵蓋核子工程

撒拉之手在全國普設輔具出借中心以大量志工幫助照顧者與使用者。

教授、退休戰鬥機飛行員、木匠、律師與多種身心障礙者，可說是臥虎藏龍。在這裡他們很少討論自己的背景高下，因為那不是重點，而是把生命投資在自己認為很有意義的服務上，如何把服務做好才重要，有的志工很老了，可是仍然貢獻自己的才能。

如今撒拉之手有近三百種輔具，包括：氧氣筒、床、拐杖、輪椅，以及各種生活用品等，用低廉的租金或購買金，讓輔具在全以色列流通，幫助無數人獨立自主生活。二〇一三年前後，我在這個輔具中心獲悉，這估計一年可省一百四十億臺幣醫療相關經費。後來聯合國祕書長訪問撒拉之手，還成為以色列自豪的參訪行程。

撒拉之手在以國各城市都有服務中心，這個非營利組織成為許多醫療單位和急性後期照顧很好的幫手，甚至任何外國身心障礙者要去以色列，只要事前通知，付押金即可從國際機場入境就得到需要的輔具。

## 個別化輔具諮詢APP 米勒巴供長期使用需求

但是輔具由誰來研發呢？當然有許多大學和身心障礙組織協助，其中有一個非常值得臺灣參考的是米勒巴。位在台拉維夫附近的撒瑪干地區，有個示巴醫學園區，除了醫院、老年照顧者訓練中心、模擬醫學中心等多種服務研發機構外，米勒巴也在這裡。

米勒巴是由募款成立的機構，內有一些職能治療師、物理治療師員工，另有六百位退休或在職的科技專家，以志工身分協助研發個別化輔具。米勒巴實際營運流程是，任何在以色列需要輔具的人，如果是短期使用，找撒拉之手；若需要長期使用、要購買，就可以來問米勒巴了解資訊。米勒巴現在已有非常詳細的網站，提供各式各樣輔具給民眾參考，但本身不參與買賣，只是不斷蒐集產品資訊，而且還用電話、電郵、面訪等多種方式，提供民眾諮詢管道。

累積經驗後，米勒巴還發展了個別化輔具諮詢 APP，例如某人失能，家裡的客廳、廁所、浴室、臥房該怎麼調整？根據這位客戶的生活期待，又應如何考量？民眾只要使用手機 APP，輸入以上條件，然後一按，就會得到明確的建議，同時可以看到全以色列銷售您需要的材料、工具和服務的店家，還可以比價，查看就近該聯絡哪個店家較方便。

如果問題無法透過一般諮詢和 APP 解決，就會轉給那六百位輔具研發志工，包含退休科技專家、現職的尖端國防科技專家，還有他國相關能力的年輕志工，由他們來想辦法，運用個人在行業整合現有材料突破困境，以及創新產品的思維經驗，找出新的可能。

## 各領域志工創新研發 個別化生活用品應有盡有

例如全身癱瘓只能用嘴咬著筆寫字畫畫的人，研發志工想到利用控制汽車車窗上下的馬達，架在畫架後方，就可讓這類民眾自己控制畫板移動來作畫。還有提醒失智者在家可以找到各種用品的圖示按鈕，與鑰匙大小的手持感應器，光是感應器要多大才方便攜帶或放在口袋，如何不容易弄丟或毀損，就是個研發主題。還有利用3D列印方式，設計不同手部障礙者的茶杯隔熱手把，讓人人都有個別化的手把，生活更方便。

又如許多身心障礙小孩喜歡音樂，卻因爲手部痙攣萎縮或僵硬，可能一碰就打翻，摔壞樂器，也可能

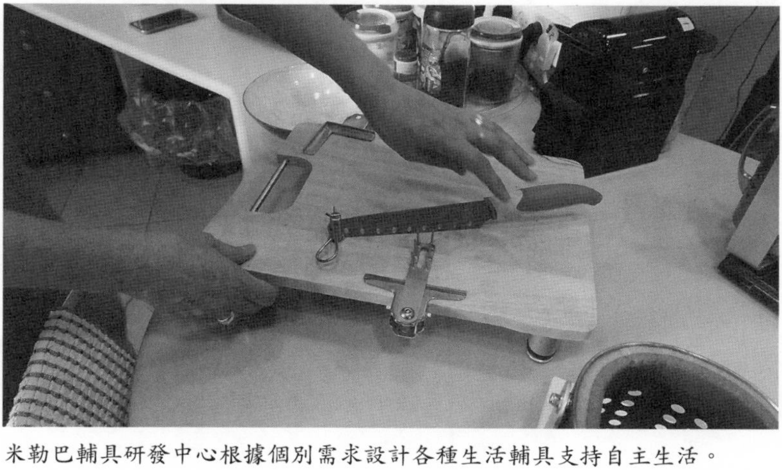

米勒巴輔具研發中心根據個別需求設計各種生活輔具支持自主生活。

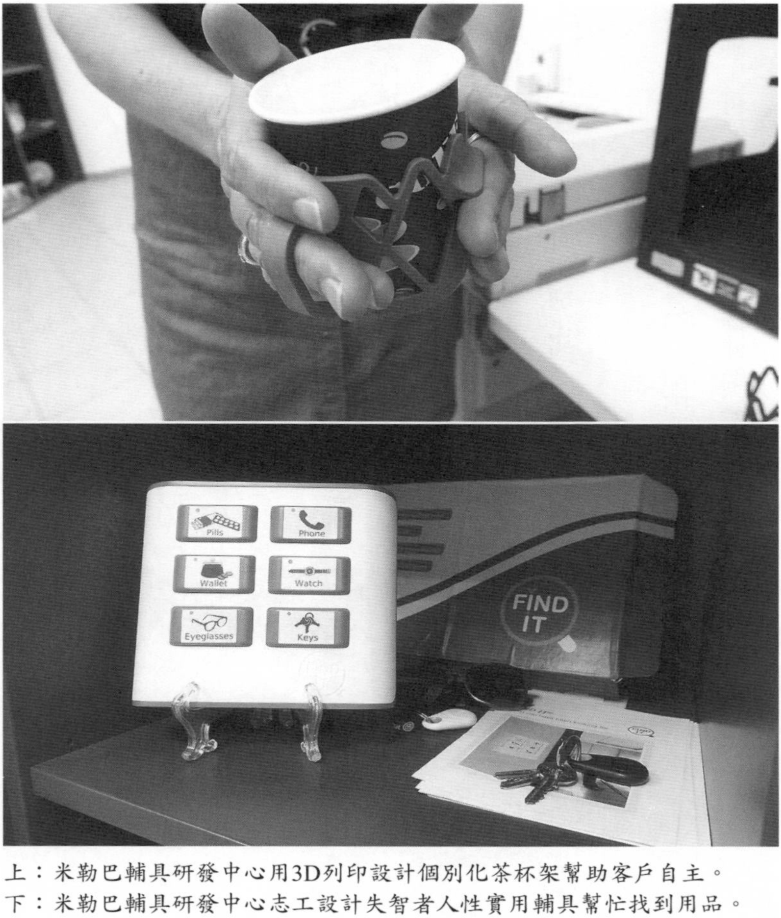


上：米勒巴輔具研發中心用3D列印設計個別化茶杯架幫助客戶自主。
下：米勒巴輔具研發中心志工設計失智者人性實用輔具幫忙找到用品。

產生刺耳噪音影響老師教學，或老師得不斷幫忙撿拾等問題，於是研發志工爲每種樂器設計安置座臺，讓不同障別者易於操控。如此，身心障小孩就可以更安全、順利使用樂器，不但學習、娛樂，也有助於某些復健活動。

秉持支持更多受限者參與一般人生活的原則，研發人員還發展手指失能者可以升旗的觸碰按鈕。米勒巴的一位員工說，並不是每個人都需要升旗，可是對手障孩子來說，如果因爲輔具，他也可以一起升國旗，就有參與的精神意義。

此外，還有罹患巴金森氏症等各種手部發抖的人使用的安全打火機，身障小朋友可自己壓製餅乾的機器，坐輪椅者可以方便持手機的改造扶手，以及各種廉價復健器材，如用寶特瓶蓋做的抓握棋子，還有各種書房廚房居家用品。表面上看，輔具個別化，賺不了什麼錢，但米勒巴經理說：「產業是要賺錢，但也不是什麼都爲了錢。」研發個別化，許多人動腦參與，更多科技專才、復健專家、使用者、家屬可以高頻率互動，幫助人改善困境，又不牽涉金錢交易，讓米勒巴變成一個可信賴的身心障生活支持平臺。

## 非營利資源整合 參與研發價廉實用輔具

一個非營利的平臺，比較容易跨越不同醫院的藩籬，跨院的協助支援，並廣泛蒐集需求，與專業人士有更密切互動，創造更多新的輔具與服務。例如在拉那那市的梅爾醫院（Meir）復健中心，資深職能治療師與米勒巴就經常交流。以幫助中風者練習手部運動能力復健來說，促進認知與傳導肢體協調，傳統採用撿綠豆等復健方式比較枯燥，現在則用電腦遊戲增強動機，且配合不同中風者的手部狀況，滑鼠同樣有多樣持有方式，以達到各種復健目的。如果不是醫院外有個資源豐富的研發單位支持，很難做到如此細緻的服務。

目前臺灣對輔具需求有增無減，政府也積極編列經費發展服務，幫助需要的人，其中如何降低成本，讓輔具更實用，也是迫切課題。北歐輔具講究人性，世界有名，例如復健中心和日照中心的廚房，所有工具包括洗手臺、爐臺、櫃子全部都能升降，配合不同使用者（含坐輪椅者）的高度。

但對此，以色列職能治療師的回應卻發人深省：「有多少家庭用得起這種設備呢？」也就是說，如果國家福利財源和基本保障條件，還到不了這種水平時，就要務實面對。

臺灣除了嚮往北歐照顧而不斷去考察，或許也可把眼光轉向以色列，這裡的輔具研發和服務還有社會參與，如何讓更多人獨立自主甚至有生產能力等做法，可能更接近臺灣下一步或未來幾年可能達到的理想。當然，關於北歐和以色列共同的特色，願意幫助人、願意合作、願意互信這幾項文化，也是我們落實長照需要學習的另一個課題。

## 3・奧地利：護理之家重視失智失能生活自主權

由於失能失智人口日益增加，若要成立一個重視人權與尊嚴的安養機構，那麼如何讓長者過快樂自由的日子，將是重要議題。有幸走訪奧地利的護理之家，在這裡有特別的設計理念，目的就是爲了讓長者即使失智失能，仍能保有最大化生活自由。對於如何提高長者生活自由，這裡的照顧者語重心長地說，與其問該提供什麼給長者，不如先捫心自問，我們究竟做了哪些製造長者生活麻煩的「照顧」方式？因爲照顧者和被照顧者之間的許多衝突與傷害，很可能來自我們提供的「照顧方式」，但我們常認爲那是長者的問題。

### Diakoniewerk 的人本價值

早上九點多，經過一小時的車程，我從奧地利城市 Linz 來到位於郊區的護理之家 Haus

Abendfrieden，這裡是奧地利基督教組織 Diakoniewerk 旗下的安養機構之一。Diakoniewerk 原意是希臘文中「服務」意思，他們按著聖經教導的服務理念來照顧人，或者更精確地說是「服侍」人，希望每個人都可以活得像上帝原始創造的「人」，展現應有的尊嚴價值。這個服務組織已有百年歷史，相似理念的組織遍及北歐各國、德國與奧地利等國家地區，專門照顧容易被忽略的弱勢族群。

## 依個人作息吃飯、活動……每天都隨心所欲

若是在臺灣一般長照機構，上午九點多可能正在進行什麼活動？長輩若不是剛吃完早飯，就是參與機構內的例行活動，也可能正呆坐著無所事事。

但是在同一時間，Haus Abendfrieden 的長輩有的還在睡覺，有的醒了，但還不想吃飯；有的正在吃飯，有的吃完了正協助照服員整理雜務，也有人陪伴照服員預備午餐；有的三三兩兩跑到花園裡唱歌吹口琴，還有人拿了飼料跑去餵鸚鵡，好不開心！

到了十點多，有位百歲人瑞坐在等同輪椅功能的移動大沙發上吃飯，照服員可以專心地

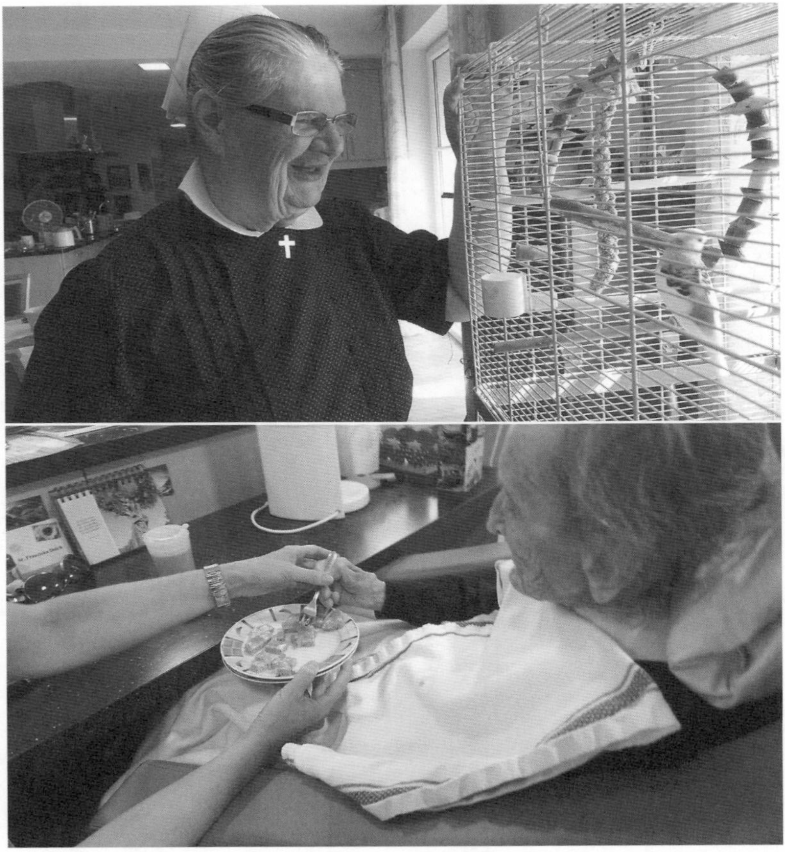

上：奧地利護理之家多數老人失智，但環境設計提供樂趣，所以鮮少有遊走和衝突。

下：落實儘量讓老人自己用餐，幫助延緩失能和減少被餵窘境。

即使重度失智還是實施自由時間用餐，而不需要配合管理。

陪她，這位長輩手指都攣縮了，但還是儘量自己手持湯匙、很有節奏地慢慢吃飯；另一位奶奶從房間走出來，打扮得漂漂亮亮，在公園推助行器散步；還有位愛看報的，吃完早飯就一直留在飯桌，花很長時間仔細地看報紙。在這裡，每一位長者總是有機會做自己喜歡做的事。

這裡每季還有節期活動，有的長輩和照顧者會一起演戲給其他住民欣賞，所有活動都是住民自行舉辦的，不是由照顧者們決定活動內容，再找外面的人來帶領。已經臥床的一位長者談起自己參加的幽默劇，眼睛就亮了起來，因爲去年有參與演出，大家都很喜歡，她還在想今年要演什麼。

十點多，有一位住民很高興地站在門口，

等著家人來接，他們要去另一個城市度假幾天。這裡的門是自動門，沒有電腦鎖，沒有感應卡，也不限制人進出。照服員已經幫她準備好行李，彼此在門口互相擁抱牽著手道別。奶奶像小孩看到兩邊都有糖吃一樣，捨不得走，又不知道該怎麼辦的樣子相當可愛。

## 在 Haus Abendfrieden 住民有最大生活自主權

我們對失智或失能的想像是什麼？什麼都沒辦法做？只能等人來餵飯？一定要綁起來，不然會四處亂跑？沒事就會脫褲子拿大便抹牆壁？四處罵人打人？以上有些看法是我來此處前一週，在一個大型銀髮健康促進研習會上，聽到部分與會運動教練對此的「看法」。

可是 Haus Abendfrieden 的住民不是這樣！這些住民大多八十歲以上，還有一百多歲的，大部分都有不同程度的失智，他們很自然地互助，有的住民雖然記憶力不如以往，但不影響他們繼續幫助別人。看到他們每日晨間一起到小教堂讀聖經唱詩歌，自己都走不太動了，還彎腰幫坐輪椅的人把剎車卡緊固定，或鬆開以便移動，看了真的很讓人感動。不僅去教堂如此，回到客廳也是如此，還能行動的長者幫不能行動的長者轉動窗簾把手，好看到陽光和外面的風景。

爲什麼這些人沒有出現如前面所形容失智失能的刻板印象，不時打鬧或口出惡言？更沒有發生那些採用制式照顧方式的機構所發生的各種困擾，忙壞了照顧者？原因在於，Haus Abendfrieden 一開始設計照顧空間與互動方式時，就決定要讓住民得到自由，得到一個像家的環境。

Diakoniewerk 旗下有老人照顧、日間照顧、機構照顧，也有各種身心障礙照顧工作。負責所有老人照顧的主管庫瑪（Kumar）說，這裡有兩層樓，每樓有十二位住民，日班每樓配置兩位照顧者，偶而有些志工。經營原則是讓住民有最大生活自主權，尊重個別需要，讓個人能得到支持，發展個人追求的生活。

## 自己做飯、佈置房間 有生活樂趣也要安全感

根據這些理念，這裡的空間設計是「以廚房爲中心」，但一般教科書常說，「以病人爲中心」或「以住民爲中心」，現在說「以廚房爲中心」會不會很奇怪？忽略了人？其實不是。

「以廚房爲中心」的意思，是考慮到飲食是引發幸福感和安全感的重要生活元素，如果像醫院病房用中央廚房配膳方式供餐，這種方式可能會剝奪住民生活樂趣。因爲這裡有許多人以前會自己做飯，到了這裡大家都能參與每天的備餐，包括主食、甜點，每個人都有機會動手做，所以這裡很少像其他機構一樣，發生住民抱怨食物或爭吵的現象。

除了飲食和活動自主，在個人房間佈置上，機構也本於自主精神支持他們實現想法。例如，住民海蒂很喜歡窗簾，她房間的臥室、浴室甚至浴室內，都以漂亮的白紗窗簾區隔開來。另一位住民的房間則處處是兒孫照片，她自豪地告訴我，兩面牆圖片的陳設，一面是女兒決定，另一面則是兒子幫忙完成的。

就這樣，十二年來大家度過了平靜豐富的日子，有些當時入住的人現在還活得好好的。後來，有些替代役男看到這裡的生活很受感動，將生活點滴製作成手冊，用以感謝這機構，讓他們在這裡服務而得到成長。後來這些資料甚至出版，鼓勵更多人。長者也因爲這樣的照顧方式，減緩了失智失能的速度，繼續享受人生。

機構原來興建和規劃空間時，除了個人住房外，在公共空間擴大了廚房的占比，讓廚房成爲動線中間的核心，當班照服員的辦公桌也設在廚房旁邊。當廚房成爲中心，很多促進生活品質的事就會自然發生，例如住民可盡力協助烹飪相關的所有工作。更重要的是，這個以廚房為中心的設計，讓照服員即使只是在辦公室登錄文件，也有更多機會被住民看到，可以讓長者更加安心。

記得在丹麥看失智共照時，機構的負責人也告訴我，對中重度失智者而言，安全感是首要。互相對照之下，兩者的原則很相似，可見 Haus Abendfrieden 的佈局有其合理之處。

## 長者活動自由 照顧者隨時掌握突發需求

在 Haus Abendfrieden 這個機構，不僅要讓住民常看得到照顧者，而且住民隨時有什麼需求，也可以立刻告訴照顧者，照顧者也更容易在例行工作時，看得到被照顧者的需要。例如當班的主責照顧照服員歐列絲（Alex），看到有位長者吃飯吃得很慢，原來是今天預備的早餐麵包太大塊不方便咬，在徵得長輩同意後再切小一點，就可以吃了。歐列絲說，注意觀察、每次徵詢是最重要的，還有進長者房間清潔要先敲門。這些都是尊重，可以讓長輩有安全感。在許多小事上細心，被照顧的人就能得到應有的生活品質。

如果要一邊做飯一邊做事，要是一下子好幾位長者同時要這樣、要那樣而呼叫她時怎麼辦？歐列絲開玩笑的說，不必太擔心這種問題，因爲她是五個孩子的媽媽，她知道怎樣應付不同孩子的要求。已經在此服務十年的她認爲，擔任這種機構的照顧者，要有能力溝通、安排所有工作，讓所有工作可以順利進行，而且要願意爲大家做飯。如果這些都不願意做，那就不適合來這裡工作。換個角度想，要是這些都不願意做，那到底願意做什麼？又是如何看待長照的呢？

庫瑪進一步解釋，這個機構不只讓住民參與做飯，也不使用大型洗衣機幫住民清洗所有衣服，而是像一般家庭，提供洗衣機、熨斗等設備，儘量讓長者自行處理。「並不是只要失智了，就什麼都不會做。」庫瑪和歐列絲都強調這點，所以每天的互動都有不同變化。

## 不怕意外？阿公阿嬤做自己喜歡的工作

在Haus Abendfrieden，照服員會適時評估住民的體力和智能狀況，儘量讓他們做想做的事。換言之，就是保有、提供一般生活中的日常活動。其實從失智照顧的懷舊活動觀點來看，有些機構花錢弄一堆懷舊裝潢，陳列老雜誌、照片等靜態視覺物品，可是眞的有貫徹懷舊的照顧精神嗎？如果只是爲了讓人習慣以前的記憶而有歸屬、安全感，那麼讓他們能從事以前能夠做的工作，不也是一種懷舊活動？

二〇一八年曾到挪威國家老人健康研究中心（Nasjonal kompetansetjeneste for aldeing og helse），那裡主責研究和訓練的主管 Kariann 也說，挪威正全面推動的失智照顧，很重視從失智者的觀點來看世界，與維持有品質的生活，就此演繹開發更先進的服務。由此省思 Haus Abendfrieden 的做法，更覺得可貴，因爲一切設計眞的以住民觀點出發，而不是佈置得讓照顧者、經營者，甚至官員覺得看起來好而已。

這樣讓失智者四處工作，難道不怕發生意外而被究責？歐列絲說，誰都會跌倒，難道要因爲怕意外而叫他們天天坐著嗎？那不是更剝奪了長輩們的生活自主？當然，照顧理念的共識是必要的，「從管理階層到基層照顧者，大家有一套清楚的理念，這樣照顧者就不擔心被究責。」歐列絲補充，就經驗來看，長輩能從事熟悉的工作，並不如想像中容易發生意外，反倒是過多的藥物副作用可能讓長輩反應變慢，因而造成跌倒。

這裡的廚房既然是開放式廚房，自然少不了各種刀叉、玻璃杯等器具，還有燙的爐子，但是到目前爲止，從未發生長者錯亂而傷人或自傷的意外。歐列絲說：「他們若有喜歡、熟悉的事情可以做，自然降低異常、攻擊行爲的機會。」在這地方待了兩天，我也感覺到只要長者感興趣的事很多，就犯不著去攻擊別人或製造問題。

## 特殊行為反射內心苦痛 誰才是麻煩製造者？

在拜訪過 Haus Abendfrieden 之後，我在以色列遇見一位資深的老師，她說特殊的行爲往往反射內心的苦痛，也就是行爲必然有其原因，不應只當成生病無厘頭的動作。這次在奧地利，以及過去在荷蘭遇到的照顧者，也有類似的說法。以此觀點看 Haus Abendfrieden，也許正是因爲環境設計和被對待的方式，長者或許眞的少了一些「積存內心的苦痛」。

Diakoniewerk 用相似方式經營的照顧機構，在全奧地利四省一共有十間，目前負責老人照顧品管的妮可（Nicole Bachinger Thaller）是護理師出身，她說，除了以上的環境與營運設計，還有一點很重要，就是所有照顧者都曾學習過的尊重互動語言，例如不稱「失智的人」，而稱「人有失智」，這是要強調人仍是人，只不過有些病。同時，介紹有十間機構的容量問題時，也不用有幾「床」，而是用幾個地方、空間（place），因爲不希望大家以醫院的角度來思考機構。妮可甚至對照顧學校及畢業要來這些機構工作的人，製作了對照表格，把一般表達與什麼是尊重的語言對照出來，鼓勵照顧者思考內化爲每日溝通用語。

## 人人住得起有品質的機構

庫瑪多次被問到，怎麼可能用這樣的照護比達到這種照顧品質，他總是非常堅定地說，可以的，只要有清楚的理念和執行信念，加上有信心、願意付出的員工。這裡不是只有有錢人才住得起，而是只要是社區居民都可以申請入住。社區居民只要拿政府評估失能等級屬於第三級以上的證明，和對應的長照補助，就可以來申請入住。對許多國家來說，這是個重要啟示——品質，不是靠錢堆出來，也不能只靠錢就找得到。

## 4．芬蘭：長照升級典範 長輩們的第二個家

芬蘭波爾沃市安養機構 Toukovuoren palvelukoti 在提升照顧品質上花了很多心思，還被該地區不同行業勞工投票肯定爲最值得去工作的地方。這裡的長者不是天天等著吃飯餵藥，他們過著多采多姿的生活，並將機構視爲第二個家。此外針對失智照顧，芬蘭也有專業顧問公司，在高度重視人本價值的國家，長照並非事事都依賴醫師，除了醫療照顧，生活照顧上的溝通互動對失智者更顯重要。專業顧問公司訓練各行各業的員工，爲失智者打造無障礙社區。芬蘭兩個創新照顧典範，值得臺灣省思借鏡。

在芬蘭波爾沃市（Porvoo）有個二〇一五年落成的安養機構 Toukovuoren palvelukoti，經長照教練協助下提高照顧品質，因而在該市二〇一六年地方不同行業勞工投票，成爲該市最值得去工作的地方。在這裡工作，成爲不同行業勞工最嚮往的職務。姑且不論這種投票有多少可信度，但是安養機構能夠經營到讓不同行業的勞工報以掌聲、欣賞、信任，總是可喜的。

事實上，這個機構的確在經營品質上花了很多心思，該機構定期研究顯示，這裡的住民因爲這些改善而明顯的減藥，這對許多長者是莫大的福音，當然對照顧者而言，也是很大的成就。

## 比吃藥更重要的事 長者需要什麼生活方式？

十幾年前在丹麥老人學校學習時，就有當地人告訴我，有長者跑去看醫生，結果醫生並沒有開藥，而是開處方請他去參加老人學校活動。又隔幾年，我在挪威看到統計資料說，挪威銀髮族每人每天吃五到八種藥，意思是用藥太多，照顧界正想辦法要控制這種現象。爲什麼減藥這樣重要？爲什麼機構把減藥當成一種勝利？藥物牽涉到器官與身心副作用、交互作用、醫療成本、生活品質（長者要花很多時間吃藥和不能忘記用藥），加上長者身體機能老化，禁不起這樣多用藥，且某些藥物可能導致注意力不集中或身體無力，甚至暈眩等，增加摔倒風險。所以，能少用藥當然更好。

另外，到底是什麼問題需要用藥，而且非得用藥不可？哪些問題不是靠吃藥就可以改善？

或者病徵只是其他問題導致的表象，而不是眞正的病灶？對於很多在家獨居的人來說，在診所裡看病問診只有幾分鐘，一般醫師也很難了解此人家居生活全貌，能對疾病治療已經不錯，不見得能解決眞正導致問題的源頭。

理想上，在家居住很好，比機構自由有歸屬感，如能有醫師和照顧團隊協同居家照顧更好。實際上獨居又得不到居家服務的長輩，身心問題若來自缺乏刺激接觸，則有待積極發掘而給予幫助；至於有限度的居家服務支持一般生活，要能細緻到第一線照顧而且留意觀察，給予更多刺激接觸，要放棄不必要的藥物也不容易。

在這些背景下來看 Toukovuoren palvelukoti 就很有意思了，因爲這裡善用集中居住的價值，能更完整地觀察長輩的興趣和需要，進而依據這些來設計生活方式，如能維持好生活模式，必帶來多重效益，包括用藥也可因而減少。

## 活動部門安排健身娛樂 多采多姿強化生活價值

許多國家開始避免用幾床來描述照顧機構容量，認爲這是醫院化、病房化，也就是把住民病人化。因此 Toukovuoren palvelukoti 被規劃成一座有六十間房間、每人一間房的機構，內部分成四區。在改善照顧品質上，長照教練花最多心思的就是怎麼讓住民得到活動刺激，其次是員工的訓練管理，來配合發展活動。

在一般機構，會讓第一線照服員分工分時段，辦公區與住民生活區域隔開；好一點的機構會安排一些健身或娛樂活動。在歐洲許多長照先進國家，機構同時設立活動部與護理部等部門，因爲他們認知到人住在這裡不是爲了等著吃飯餵藥，是來過生活的，所以應該要專人提供適當的活動。

Toukovuoren palvelukoti 採取的做法是，所有照顧者上班都在各區客廳服務，一起支持長者期待的各種活動。換言之，所有照顧者是生活照顧者也是活動引導者，而且總是一起引導。住民與照顧者一起整理、回顧過去的活動，把照片等素材經過裝飾後貼在牆壁上，不但美化環境，還能成爲彼此討論的題材，很自然地強化認知和生活價值。

照顧者只有在需要文書作業時，才會到隔音辦公室。辦公室供大家輪流使用，座位是共用的，沒有個人座位，這樣既節省空間，又可達到目的。

這種上班方式，照顧負擔比未必比其他機構高，也就是照服員人數並沒有更多，但是一起發揮，比各自分工排班有更多的服務量能，長者也得到更多支持與陪伴。做手工、陪伴參加各項活動，活動之後長輩食慾更好，活動力更強。

## 有安全感的居家生活擺設

就空間管理設計而言，失智區以往會儘量單純化，避免住民藏東西或弄得很亂，但是現在卻儘可能擺設得很居家，還加上寵物區。當然照顧者也有心理準備，有些長者可能仍有亂藏東西的行爲，如果有的話，把東西收回原位就是了。走出這一步後，有些長輩更有安全感，因爲感覺該有的東西大部分都有，而不是看到一個怕被弄亂、物品都收起來的陌生空白空間。

至於臥室，在把急性病房觀念沿用至長照機構的時代，爲了照顧方便，床擺在臥室中央，四周是小桌和沙發，把臥室當成病房佈置。這裡則是把床都放到牆邊，加上其他置物法，讓個別房間更接近原來一般居家生活的擺設方式。擺設改變後也發現，許多住民更有安全感。

除以上變革外，Toukovuoren palvelukoti 聯繫城市裡所有可用資源，來活化機構生活品質，例如和市內各花店聯繫，低價購買不是極爲新鮮但還可看的花束，讓這裡鮮花不斷，許多公共空間生氣活潑，同時也聯繫城市地方特色產業的巧克力工廠，定期提供巧克力等長輩從小熟悉的食物點心。換言之，這種懷舊是活的懷舊，和硬塞一些外人看似懷舊，但住民卻無感的東西是兩回事。

機構主任爲了強化員工的學習品質、管理互信以及自主成長，採用以下作爲：包括把自己每天的行程全部公開在辦公室外的牆壁上，讓員工容易掌握，又在所有員工最常經過的大桌上，擺設一本厚厚的公文夾，該機構凡是外出接受教育訓練者，都要將自己學習的內容整理爲實用知識，放在這裡，讓其他員工便於翻閱快速跟上知識腳步。這同時也刺激員工要把參加講習當回事，並且要從該機構立場，幫大家思考如何將所學應用在工作上，廣泛嘉惠所有員工。

## 揚棄公部門制式督導 員工自我評量更具效益

另外，配合全芬蘭機構採取自主管理評鑑，而不再由政府來督導，該機構引用管理顧問公司使用的員工自我評估改善工作效能方法，設定幾個主要員工自評狀態量表，再由主管和員工一起討論目前的自我評價和未來目標，然後支持他們去達成。

當以上多種管道齊下，這個機構的員工和住民都覺得生活得更滿意，而這位接受長照教練幫助的主任，現在又受邀至同一城市其他四個機構，成爲他們的輔導教練。

花這麼多心力讓住民減藥，是幫助他們，也幫助社會降低長照公共支出。對員工而言，他們也能認知到自己並不是在做制式、重複、無聊又骯髒的工作，而是相當具有價值的事業。

芬蘭照服員養成爲兩年半，不像臺灣一百小時就可上路，光是這點我們已經埋下許多照顧品質不易提升的困境，也讓專業不足的第一線工作者承擔超過能力的負荷。此外，如何看待機構住民與照顧者？如何走向多贏？當有部分機構屢屢爲人詬病或認爲難以改善，卻又苦於忙碌和面對許多住民抱怨與衝突時，這個革新成功的故事是否讓我們看到更多希望？

# 5．荷蘭：失智友善訓練公司掀幸福效應

我的朋友布萊曼和他在大學社工系任教的朋友伊娜，一起籌組了一家「失智友善」訓練公司。失智友善也可以成立公司？是的，在重視人性照顧的國家，不認爲什麼都只有醫師懂，也不是什麼事都等醫師決定，尤其是長期照顧有許多部分是生活照顧，而生活照顧中又有許多時間用在溝通。溝通讓人感覺自己是與人類互動，溝通使人有機會做決定和彼此理解，這正是做爲人的基本尊嚴所在。

## 從失智者的認知切入 訓練從業人員溝通互動

幾年前，布萊曼與伊娜有感於荷蘭失智者逐年增加，而且多數居住在社區裡，這些失智者想維持生活很不容易，不僅家屬困擾，對所有可能在社區內接觸到失智者的人來說，也是一項挑戰。他們累積經驗之後，開始與荷蘭失智協會密切交流，後來成立訓練小團隊，到各處

協助可能接觸到失智者的不同行業從業人員，讓他們了解怎麼和失智者溝通。因爲這樣，大家減少挫折，失智者也可以最大限度延長生活品質。

布萊曼說：「我們不可能改變有溝通困難的失智者，所以我們要調整自己來配合他，我們的態度要改變，而且要了解沒有一位失智者是一樣的。」布萊曼與伊娜陸續訓練了大型超市員工、歌劇院接待者、餐飲員工、公衛人員、旅館人員、咖啡店人員、警察、牙醫等各種在社區中可能接待、接觸失智者的人。從失智者的需求和認知觀點出發，支持失智者過生活。從這些培訓對象可看出，他們的規劃相當周全，有認眞觀察、設想失智者眞實生活的需要，而不只是維護失智者基本生理需求。

關於他們如何訓練超市員工的豐富成果，我曾對此製作荷蘭失智友善超市報導，這可能是世界上第一個全體員工都接受訓練的大型超市。這項計畫不但幫助失智者，也幫助很多年輕人認識失智，甚至吸引很多人來這個超市消費，因爲在這裡消費，動作慢一點或多問一點都不會被嫌煩。

布萊曼和伊娜的角色扮演與訓練，一方面呈現失智者的困境，例如不斷重複問問題和講不出想買的東西；另一方面，兩位老師的互動和教學，又摻有一些趣味，讓學習者可以更專注

荷蘭失智友善訓練公司的布萊曼和伊娜扮演夫婦，並在超市測試員工。

反思如何支持失智者。

## 同理心感受失智者恐懼 專業牙醫必修溝通

以牙醫爲例，因爲失智者有可能需要看牙，即使不看牙齒疾病，口腔衛生也是最基本且重要的生活照顧。但該如何與失智者溝通？布萊曼說，有的人會忘記約診，牙醫得要主動聯絡，有的人不張嘴，也有的人會生氣，什麼樣的反應都可能發生，於是他們開始培訓牙醫。

在臺灣，雖有特殊牙科照顧身心障礙者，但直到二〇一七年，我仍親眼看到一家醫學中心的特殊牙科傳來殺豬般的慘叫聲，因爲有些客戶往往仍由家屬負責壓制或束縛，看診眞是不容易。這家醫學中心的牙醫師似乎認爲把客戶管好、安置好，甚至壓制好，是家屬和助理等其他人的事情，牙醫主要是來治療牙齒的。話雖沒錯，但從客戶的角度來看，除非無意識，失智者還是可能與牙醫互動，如果能夠多一點同理心，自然會更注意或在意客戶的感受。

我曾問過一位資深牙醫，怎麼幫失智者看牙，他笑笑說，就看啊。臺灣到底有誰在學習怎麼幫失智者看牙？誰可以當牙醫的老師，去訓練牙醫幫失智者看牙？一路考試成功學業傑出才能當牙醫，執業後願意接受不是牙醫的人來當老師嗎？

其實以前大家不太花心思在此，也不用怪誰，因爲以前失智者沒那麼多，就像物理治療也是晚近才開始培養失智者的復健。近來，有些護理之家有許多口腔有問題的住民，但因爲部分牙醫害怕醫療風險和糾紛，加上也沒有太多與這些住民溝通的經驗，所以有些牙醫就採取最保守的應對方式，不再積極處理客戶的問題。

這不能怪牙醫，因爲這需要學習，但一般牙醫系即使有社區醫療的課，也常把學習重點放在處理疾病，至於如何幫助失智者，需要累積經驗，當然，也需要一些熱情支持。布萊曼等人因爲得到醫界的看重，投入也愈來愈多，雖然他們不是醫師，不是博士，不是教授，但在荷蘭這不重要，更不會因此被看低，因爲大家都知道完整照顧必須重視溝通，不懂就要學。口腔照顧，不只是專業人士的生財活動，也是尊重人的多樣需要。

布萊曼分享了一些關於失智者看牙醫與維持口腔衛生的看法：

一、**溝通**：失智者的口腔保健、認識失智者行爲與家屬行爲。他提出一些學習線索，包含運用主要照顧者的知識，輕聲清楚但不幼稚的語氣，避免間接式溝通，儘量運用當下還有的能力與客戶互動，注意要用同樣高度視線溝通。

二、**態度**：要有心理準備及給對方時間回應，如果發生一些情況或您不了解失智者的意思，就要清楚表達您不了解，如果客戶還能理解您的意思，就要用輕聲、溫暖、尊重的態度告訴他，要願意花時間解釋您的意思，不要對失智者發怒或不好意思，也不要同時對失智者講話又同時與其他人講話，設法激勵失智者。

三、**環境**：光線要足夠，不要讓自己背光，讓您的嘴形容易被失智者看清楚，還有不要只是用講的，兩人要保持視線相對，不要距離失智者太遠，避免環境吵雜或是易讓失智者疑惑的背景聲音，關掉附近的音樂和電視背景聲音。

## 打造失智友善社會

如同先前荷蘭許多失智照顧專家所說，多數失智者言語和暴力來自環境問題，他們的行爲必有原因。布萊曼和伊娜累積經驗，幫助各種照顧者學習降低衝突，如果大家都能有更好的準備，就可能降低衝突，這樣對照顧者和被照顧者都好。

失智友善未來會愈來愈需要，因爲壽命延長，失智者相對比例也會增加。若是我們對照顧的看法不僅止於延長生命，不再只是用三道門鎖把失智者關在家裡，願意考量失智者的生活滿意度與福祉，自然就會根據生活需要想到各種場合和互動對象，幫助這些人都能調整自己來應對無法調整自己的失智者。

失智到某一階段，可能連手持餐具、吞嚥都變得不容易，口腔維持也不容易，看牙和保持口腔衛生不過是個例子，重點在於我們是不是如布萊曼和伊娜等人一樣有耐心細心，想想該如何培養更多人了解及如何幫助失智者，打造臺灣失智友善社會。

# 6・瑞士I：聖加侖時間銀行現場直擊

瑞士聖加侖市「時間銀行」行之有年，在這個友善城市裡，每一位初老服務者服務老老長輩的模式，就像蘇西與羅絲每一次的自然互動一樣，兩位長輩的互信與體諒，溫馨取暖過生活，打破服務者與被服務者的界線，讓人看到「時間銀行」存在的價值。

上午我從聖加侖市中心搭公車前往市郊，要去觀察此地「初老」服務「老老」的情形。這是個因基督教宗教改革歷史聞名且自豪的城市，包括已被列入世界遺產的聖加侖修道院圖書館，都是觀光客必訪的旅遊景點。因所處地理位置緣故，市區居民流動性頗高，同樓不相識的住民不少，郊區也在不斷大興土木，連週六也在趕工，意味又要搬來很多新住民。

我上公車後，由於路不熟又擔心延遲抵達，不巧又遇到只會講德語的司機，只好沿途找人問路。正好一旁坐了一位快八十歲的長輩，他的英語雖不流利，卻是立刻拿起手機，在山路搖搖晃晃中幫我查詢應是哪一站下車最妥當。

## 感受友善城市 異國陌生人如沐春風

這舉動讓人感受到當地人願意對陌生人伸出援手的信任與友善，使我想起以前在挪威火車上遇見一位行動不便的老太太說過：「在這個國家（挪威）旅行，永遠不必擔心，因爲隨時都有人願意向你伸援手。」這樣的社會讓人很有安全感。

到站下車，是一個山坡大轉彎。假日，路上行人少，放眼望去，許多如童話故事裡的城堡大宅，還有沿著坡地建築的樓房。我不知道怎麼找地址，看到一棟樓房上有人在洗地，便向他詢問。他放下工作，然後說我來幫你找，便從四樓下到我身旁詳細說明，因爲這裡不是靠網路地圖就可以找得到正確地點的地方，他花了些心思講清楚路牌和門牌辨識方式，讓我感受到他是真的友善而且有耐心。

後來按著他的指引，走到一處死巷，再轉個大彎，終於找到我要去的家戶，要拜訪的被服務對象是九十四歲的退休小學老師羅絲，來服務的則是七十二歲的退休老師蘇西。我以爲蘇西住在別處，像臺灣居服員一樣用交通工具來此，但實際上蘇西就住在四樓，羅絲是她服務的對象之一，聖加侖儘量媒合住處相近的。從瑞士高低起伏的地形來看也較實際，何況很多舊的五樓建築無電梯，要人每天爬著樓梯去幫助別人，也是挺辛苦的。

## 初老服務老老 互信互助有效率做家事

按照聖加侖原始設計的服務規則，蘇西目前每週來服務羅絲四小時，已達飽合。不是不能做更多，而是蘇西也得考量自己的生活，且聖加侖政府計算過，從初老到離世前能用得上非醫療的生活服務，實際總量約七百五十小時，所以蘇西一週來四小時已是極限。

四小時，多還是少？端看怎麼用！洗衣加做飯可以是四小時，幫忙買菜也可以是四小時，若能有計畫的把買菜、洗衣、做飯組合安排好，甚至連晚上和明天的菜也一併準備好，也可以是四小時。有互信，了解被服務者需求，找對工具，就可以省時間。另一方面，是全靠服務者做到累死，還是服務者與被服務者一起動手，也會影響四小時怎麼用。所以這種互動，實際上有許多細節可能影響品質與效能。

蘇西和羅絲都很友善，但都只熟悉德語。所以這天，蘇西特地找了弟弟克利斯提從另一城市前來協助翻譯。

羅絲九十四歲，獨居、靠退休金生活，仍耳聰目明，可以自己操作電腦，需要拐杖、不能久站。家中牆上掛著以前男友和乾兒子的照片，不過那都是幾十年前的故事了。從窗外遠眺就是瑞士東北最高峰，海拔兩千五百公尺覆蓋著白雪的森蒂斯峰，她看著窗外就可以講一大串回憶，因爲年輕的時候沒有纜車，都是靠走路爬山，現在爬不動，靠網路地圖欣賞山上的照片和新故事。羅絲很健談，又和蘇西同樣是小學老師背景，所以兩人很容易溝通。

## 兩位長者的友情互動

蘇西這一天先從二樓下到地下二樓（像臺灣的三樓往下，等於五層樓），去那裡洗衣、晾衣。這棟樓每一戶買的備用食物也放在這裡，空間整理得井然有序又乾淨，這對蘇西有幫助，也不容易受傷。

蘇西在地下室晾衣服、收衣服，需要把手抬高，重複這些動作，才能控制晾衣服的多條懸吊拉繩，她現在也都還能做。之後把洗好的床單衣服提上樓，自己也要注意摔不得。由於這不是居家服務那種計算小時四處跑的工作，所以蘇西沒有壓力，可以慢慢地爬。

上樓後先到廁所將毛巾歸位，要按照羅絲的習慣排好，讓羅絲一人在家時方便取用；接著是理床單，她讓羅絲幫忙，兩人一人一邊拿著床單，方便摺疊，這不需要久站，而且微微移動，是羅絲可以做得到的事。瑞士人也像其他歐洲國家，基本上自己能做的就會自己做，可以感覺到獨立自主，而不是找個人來服務，當人是幫傭。尤其時間銀行這類服務，並不是花錢買服務，而是一種友情互動，更重視氛圍，最好是大家都快樂。

折了衣物之後要備餐，這是羅絲的家，蘇西來幫忙，羅絲還能動，該聽誰的？實際上是一起，羅絲知道東西擺哪裡，也有自己的飲食習慣和切洗烹飪方式。

今天要做沙拉和煮義大利麵，狹小長形的廚房，一邊擺放冰箱和小飯桌，一邊是流理臺與電爐。蘇西站著幫忙洗菜，一一把枯萎的挑掉，「自己不吃的絕對不會讓別人吃到。」這並不在時間銀行的規範裡，而是知識與良心問題。切起來比較費力的食材由蘇西來處理，在她身後，羅絲幫忙洗切好的菜，也幫忙開冰箱遞其他備料給蘇西，然後由羅絲負責攪拌調味料，因爲口味以她爲主，這樣做，感覺自己可以掌控生活，而且好不好吃沒得嫌。

接著煮麵，煮多少？由坐著的羅絲幫忙秤，交給正在開電爐預熱拌料的蘇西。煮麵的過程中，她們一邊聊天，羅絲幽默地說，蘇西做得很好吃，有時候也覺得自己愈老做得愈好吃。

瑞士聖加侖時間銀行本於互助共享雙贏原則，而無地位之分，讓老人支持老人。

煮好了，蘇西和羅絲一起吃，一方面是蘇西陪伴羅絲吃中飯，對同樣獨居的蘇西而言，也有人陪吃飯。她們兩人都說，的確，一起吃比平日的食量好很多，而且拌沙拉這類當地人的主食，兩、三人份量比較好採買製作。蘇西說：「做飯時擺出兩副刀叉的感覺就是很好。」

## 初老服務老老 體諒互信溫馨過日

換句話說，這種初老服務老老的互動，不只支持老老的生活，對初老也很有幫助。至於對年輕或中年等尚能四處跑的人來說，未必會那麼需要這種共食交流的社會互動。

蘇西展示了她的服務表格，表格上一排又一排的紀錄，包括什麼時候到誰家服務、哪個單位媒合的、什麼時間由被服務者預約的、做了什麼工作、用多少時間。表格顯示，蘇西自二〇一五年開始投入，每次一小時或數小時不等，至二〇一八年累積服務近四百個小時。蘇西說，她並不會計較時間，因爲這工作能和羅絲每週碰面很有趣，但另一方面，蘇西也的確覺得累積小時數，可以讓自己對未來感覺更安心。

從過去數十年的經驗來看，時間銀行制度是一種嘗試，在幫瑞士民眾找尋一種比制式照顧更溫暖的服務。這種生活服務與醫療專業照顧有別，雖不能取代醫療照顧，但至少讓孤獨長者有機會得到溫暖，這與志工偶爾來拜訪一下相較，生活性互動不但增加，且可長期而穩定。以蘇西和羅絲互動而言，蘇西七十二歲，但仍能從九十四歲的羅絲身上學到很多人生的故事和早年的歷史，且聽羅絲講話也較有共鳴，包括膝蓋痛、孤獨和思念親人，以及對社會政策的興趣等。所以蘇西聽羅絲講話，怎麼打逗號句號，都讓羅絲容易有被了解的感覺。羅絲雖然知道蘇西住樓上，平日卻不會去麻煩蘇西，但是因爲時間銀行制度產生的友誼互動，讓羅絲更有安全感。

蘇西的弟弟克利斯提也補充說，有些瑞士人老了會跑去泰國住。爲什麼要遠離家鄉？因爲去泰國，生活物價便宜，經濟壓力降低，不用煩惱未來，而且有相同想法的鄉親與德國人愈來愈多，較不會有流落異鄉的感覺，且氣候溫暖。其實有一個非常重要的原因，在於瑞士的居家照顧和機構照顧很專業，完全照規矩來，技術專業、流程專業，但未必有互動溫暖，遠走泰國也許遇見的照顧者沒有那麼專業、先進，至少有被對待的溫暖，這是衰弱長輩極其在乎的感受，這種友善互動，會很直接地影響到長者想不想活下去，和決定爲了什麼活下去。

實地觀察羅絲與蘇西的故事可以發現，體諒、互信是時間銀行成功的要件，且鼓舞人心的是，銀髮助人者也因爲提供服務而得到很大幫助，確實是一個延緩失能的雙贏制度。這和他國不分年齡的模式，更能顯現出瑞士模式的意義。

※

## 銀髮照顧新選擇？瑞士時間銀行觀察與省思

自二〇一二年瑞士聯邦社會保險部提出執行「時間銀行」系統，英、美等國家地區，甚至臺灣也開始思考，甚至已規劃類似協會組織，但若時間銀行能解決高齡社會的照顧問題，爲何北歐如丹麥、挪威等國家不跟進？瑞士聖加侖穩定發展該制度的條件，是否適用每個地區？值得進一步關注。

在瑞士聖加侖拜訪羅絲與蘇西，近身觀察初老照顧老老的互動，一旁蘇西的弟弟克利斯提說，外國人看瑞士是個富有的國家，想必國民受到很好的老年照顧。實際上，若與北歐國家制度相比，許多瑞士人在工作期間的確可以享有不錯的物質生活，加上瑞士醫療非常進步，有資料顯示，這裡的男性平均壽命世界第一。然而這些風光不表示退休之後一樣可以很好過。

## 稅收、制度、民情不同 北歐為何不仿效時間銀行？

瑞士的稅率不如北歐那麼高，雖可刺激經濟活動自由，但退休後的年金如果用來支應昂貴的居家服務和居家護理，尤其又活很久的情況下，可不一定吃得消。至於去住機構那更不得了，一個月臺幣十幾萬都不算貴。克利斯提說，他個人能想像為什麼北歐不時興、可能也不必發展時間銀行，因為稅收重，相對保障了因退休失去收入的長者，藉由年金和其他非金錢的服務就能支持高齡社會。

我也拜訪了挪威高齡就業中心，這個機構從一九六八年開始鼓勵初老活躍參與社會，目前專門代表政府和勞方、資方合作，積極研究協調全挪威公私營組織延長退休。主管烏拉夫印證上述說法，也就是不同社會保險和福利制度會帶來不同的高齡化挑戰，挪威全面推動延長就業，目前是全歐洲高齡就業率最高的國家。更多長者繼續生產繳稅，延緩了無收入、靠年金生活的人口增加速度。挪威有龐大成熟的志工組織，專業照顧有稅收支持，其他靠志工，因此目前沒有發展志工服務時數的必要。

同樣高齡化、也重視銀髮照顧的丹麥有歷史最久的護理學府，也是以基督教文化爲核心價値的服侍善工學院，百年來在丹麥創造許多社會服務，具有發展新方法解決社會問題的經驗。牧師言森認爲，雖然不計回饋的服務比較恰當，但應繼續鼓勵國民投入志工。這教會體系本身就有兩百五十位志工，除維持八十家二手商店營運，還支援專業居服員的輔導，所以他看不出丹麥要鼓勵時間銀行的理由。同一學校另一位學者露斯，雖不認爲這是符合基督教文化的做法，但是如果把存時間看成與存錢相似的另一種防患未然的方式，也無不可。

在丹麥外籍移民職訓中心（CBSI）擔任輔導銀髮照顧就業主管多年，兼具護理、社工背景，剛剛退休的利沙認爲，相對換小時數，或許更應鼓勵高中生發展服務學習，去照顧長者的生活，也能及早鼓勵下一代關心、同理長者，而且這是穩定活潑的服務來源。她覺得瑞士會這樣做，可能是當地需要且融合民情而生的點子。

## 填補稅收不足、決策緩慢 瑞士為何發展時間銀行？

或許眞如利沙所言，在瑞士與克利斯提看法相似的人不在少數，四十歲的布勞是聖加侖市速食店老闆，他說，瑞士人期待有很好的生活水平，但年長者愈來愈多，並不是每位長者都能得到如期待的結果，的確得發展一些新的照顧方法，才能縮小年長者的生活差距，且瑞士人比較封閉保守，人老了想不寂寞得有各種社會條件支持。在聖加侖，因爲還有宗教改革的敬虔精神，雖然志工不足，但總還是有盡力助人的生活態度，是時間銀行能運作的條件，至少這創造了一種積極參與服務別人的契機。有人過不了馬路，有人腰痛不能整理花園，若有人花時間幫助別人很好，人人都需要彼此幫助，因爲人人都有自己的問題，能互相支持解決更好。

白天經營咖啡館，晚上經營音樂酒吧的老闆輔利也說，每天早上六點多到十點，會看到很多長者跑來這裡看報紙喝咖啡，爲什麼？因爲退休前趕著上班，一退休不知道一早起來該做什麼？去哪裡？生活全亂了，亂了會慌、會憂愁，所以得找個地方去，維持生活節奏，更得找個地方去，感覺到仍可與人在一起。一個富裕而尊重個人的社會，一旦離開工作系統，那種疏離是很辛苦的，能去咖啡廳看報還是行動自如的人，等到出入不便，恐又是另一番景象。輔利的媽媽是居服員，她對時間銀行的實施也非常樂觀其成。

聖加侖一間古堡餐廳的經理普南也說，實際上年輕一代的付出熱誠與前一代不同，因爲網路發達，一般人有更多時間自己看手機，和幾百年前的社會互動不同。在早年教會影響力大的時代，遇見傑出的主教，大家容易積極助貧，也不願看到別人痛苦，現在社會風氣不同了。普南認爲社群媒體有人可以聊天很好，但痛苦寂寞時，沒有人待在身邊，而且積極參與社會政策的人也愈來愈少。能實施時間銀行，不僅改善長者處境，對年輕人也是很好的生活示範。「更多人有開放的心，更多人學習彼此說謝謝」，幫助人活在感恩和給予的氛圍裡，社會接觸是這種計畫最可貴的地方。

另一位從印刷工廠退休，已經七十歲的老闆說，瑞士民主世界有名，但他已開始質疑公投制度造成決策緩慢，大家每天看臉書等社群媒體，變得愈來愈沒耐心，也許過去引以爲榮的制度，眞的跟不上快速改變的社會。以社會保險和社會福利來說，什麼決策改變都要時間，但是看看年長者成長與需求速度多快！所以時間銀行或許是個機會，能夠儘快幫助別人。

聖加侖的時間銀行制度，最早會特別鎖定都會區的設計精神在於，都會大樓裡大家住的地理距離近，實際上距離卻很遠，尤其是犯罪與恐怖攻擊影響，加上保全業廣推科技防護，弄得四處都是層層按鈕、密碼與各種感應卡片。獨居長輩也有若干不便和疏離，常常是和機器互動，和機器講話，或聽機器講話。

像我拜訪羅絲時，她就曾展示手環上的預警按鈕，甚至現場演練按給我看，測試負責緊急照顧的公司多久會回應。結果還不錯，眞的不到兩分鐘，家裡牆上的擴音器就有値班人員回應。實際上，按使用規則，每個月羅絲沒事也得這樣測試一下。手環當然是一層保障，但還是不能解決寂寞的問題。

承辦時間銀行的主事者克勞迪說，從二〇〇七年有政治人物提出時間銀行概念，二〇一一年開始逐步實施，由政府和具社福志工經驗與醫療經驗的民間團體共八個單位聯合成立諮詢委員會運作。這種聯合參與的服務模式，讓同一地區不同的組織有更多機會合作，而不是互相競爭資源，這是很好的。因爲包含醫院（出院準備）和社福團體參與，他們知道需要服務的人在哪裡；設定服務項目時，很清楚是以能有效減輕親屬照顧壓力者優先；服務歸納七個項目，包含購物、備餐共餐、休閒陪伴、陪同外出搭車赴約、安寧陪伴、手工、行政服務等。克勞迪說，這七個項目被認可計算小時數，項目間彼此可以互相替換，也就是今天您幫人洗衣三小時，日後您可以申請別人洗衣服，但如果您需要買菜，也可以不申請洗衣，換成買菜。唯一變數是到時候能不能找得到人。她認爲這是公平的，因爲「這些服務對減少家庭照顧負擔有一樣的價値」。

特地向克勞迪請教種類替換問題，是因爲臺灣過去二十年已經實施的相似服務，發生過各類爭議，包括換不回相同服務，最後拿健檢抵銷。還有多年前服務別人是屬於一般生活性活動，多年後卻拒絕相同服務，要求用居家護理和居家服務等來替換，後來主辦單位只好用一百小時折抵一小時居家照顧來平息風波，這是主辦單位當時未料到的。

## 服務項目互惠、媒合條件 時間銀行應具完備制度

相較瑞士其他城市，聖加侖時間銀行到目前還在穩定發展中，有近兩百位服務和被服務的群組，也藉此行銷生活價値觀是最重要的。因爲全球化，瑞士教育水準高，兒女到別的國家，甚至遠到別洲就業的情況愈來愈多，更多長輩乏人照顧也增加照顧成本，但大家都期待在家老化。還有些爲照顧長者而離職的人，後來自己也生病，想再重返職場也因失去社會接

觸一段時日，變得不容易。

克勞迪說，能穩定實施，除了制度要完備，媒合時更要多花心思，讓適合服務者與被服務者配對。所以，她花很多時間來來往往與兩造溝通，確認可行；服務開始後還要不時電話追蹤。她發現有時除了按約定服務外，被服務者也會吐露心事，這都能幫助問題及早被發現，一起找出解決方法。所以時間銀行經營得好，效益是多方面的。

目前瑞士除聖加侖實施政府主導、民間執行的時間銀行 Zeitvorsorg；另外還有純民間主導的時間銀行，如 KISS，在許多城市以合作社加盟店的方式發展，徵募會員彼此服務，不像聖加侖限定長者參與。

綜合以上瑞士和其他國家相關專家對聖加侖時間銀行的看法，了解時間銀行及相關組織，都是爲了因應時空處境和人的需求，尋找社會問題的解決方法。這得靠共識和不斷創新，才能找到每一個當下最可行的方式。

# ※高齡交換服務制度在臺灣可行嗎？

因應高齡社會，除了政府挹注預算推動長照，還有哪些可行配套措施？爲鼓勵甫退休銀髮族創造有效生產力，服務更高齡失能長者，藉由「時間銀行」存時數，以期約回饋，助人助己的模式漸成國際趨勢。瑞士「初老」陪伴服務行之有年，創造高齡服務資源頗見成效，臺灣如何師法，轉化符合在地國情的「高齡交換服務」？值得省思！

鑑於高齡人口不斷增加、醫療負擔沉重、照顧人力短缺、社會人情逐漸淡薄等諸多因素衝擊下，年長者生活品質如果不好，連帶將會影響下兩代，甚至更多世代生存資源。同時，新一代長者遠比他們的前代富有、健康，尤其是剛退休到七十五歲的這個年齡層長輩，多數擁有比年輕人豐富的社會經驗，而且還相當健康、活躍。爲此，各國政府都在想辦法因應挑戰。

雖然當志工是許多退休人士選擇的社會服務，但據統計，近年志工人數並不如預期中隨著熟齡人口增加呈現對等的成長。如何創造「初老」服務社會，且是投入到最適合、最需要的地方，正是各國在努力思考，並尋求可行解決方案的重點。

## 「初老」服務貢獻生產力「時間銀行」記點數存老本

綜合上述處境，面對高齡社會可能產生的狀況，除了利用科技降低倚賴人力，強化、延長獨立自主時間外，如何善用延長的退休後時間，並轉換成有效的生產力將愈顯重要。那麼鼓勵高齡健康者更積極服務弱勢者，並記錄其服務時數，在未來當他們有需求時，可以申請回饋一樣的時數，由後輩來提供服務，這或許是在高齡社會中「助人即助己」的好方法。

目前多數人對志工的認知，是不求取回報的服務，但衡量社會現實，不求回報的服務愈來愈不可測。於是有了執行服務後給予回報來鼓勵服務的想法，進而形成了「預約回饋」制度。

其實，這個構想並不新鮮，過去二十年來，包括美國、日本、臺灣、瑞士等國家都有相關機制在運作，還有很多國家也想做，但因國情、決策不同，有不同做法，也有不同結果。若問哪一種模式最合適，其實沒有，因爲大家都還是在一步步摸索適合在地執行的模式。

## 「期約回饋」可行嗎？需先釐清計畫本質

近來在臺灣，許多人從社群媒體得到轉傳訊息，介紹瑞士聖加侖的人力時間交換服務，似乎成爲大家羨慕的夢想。新北市政府也表示，這種服務他們早在二〇一四年已經實施。觀察各國，相似服務執行內容不盡相同。最好的方法還是親自了解，以便截長補短。走訪瑞士聖加侖，透過與實際執行者的長談，及相關領域的人士訪談，進行現場第一線的觀察，深入了解聖加侖時間銀行的運作模式，是否可以讓臺灣相關單位引爲借鏡。

瑞士「時間銀行」概念於二〇〇七年由聯邦議員提出，政府在二〇〇八年投入研究。聖加侖也在二〇一一年開始關注，爲求永續經營，先由政府進行專案研究，釐清計畫本質。

聖加侖古時曾是瑞士大城，也是宗教改革先驅，目前教堂裡仍留有古老壁畫，紀念最早募資設立醫院者，及聖經所說看顧弱者的巨型雕塑等。還有現在早已成爲舊城觀光特色的建築物突出窗櫺，除炫富外，當初設計可是爲了觀察街頭有無貧困者需要救助而來的，這也形成聖加侖濟貧的傳統。旅遊局導覽主管珍妮便說：「其實在當地德文的『神聖』，本身就有憐憫救贖的意思。」

## 讓「初老」服務失能長者 休閒陪伴 非居家護理

數百年來傳承的文化造就人與人互助風氣，但另一方面，現代過度物質化後卻也漸流於人情淡薄。瑞士所得高，但因社會福利制度與北歐不同，退休者的經濟狀況與在職者有可觀落差，且年長者服務和失能服務費用都很高，故老後生活壓力不低。

綜合當地處境和未來趨勢，聖加侖的人力時間交換服務計畫主要訴求，包括：延長長者在家生活時間，不要讓他們太早進入機構；增加長者自我決定每日生活的機會，而非如機構配合照顧者；增加參與社會活動的動機來保持健康；減緩家庭照顧者壓力使其喘息；展現新一代健康初老者的貢獻能量，並試圖創造非現金式的年金制度。

計畫提交地方議會後通過此制度，接下來所有的細部決策都以對應上述本質爲共識。例如服務者徵募不會開放給三十歲左右的人士，因爲這計畫的本質是激勵初老，服務對象以八十歲以上爲主。在此同時，也逐年預備營運基金，以預備萬一這項計畫執行不下去，也有足以承諾回饋已服務者的預算。

有了法源與預算後，便由當地具有社會服務經驗的多個教會，和民間慈善組織與政府各派代表共組諮詢委員會，以諮詢但不干預的方式，支持爲此計畫成立的新專責組織負責執行。熟悉這計畫且經常與政府打交道、同時太太也是護理師的舒茲餐廳老闆認爲，這種決策機制很好，因爲全由政府執行可能因層層官僚影響效率，由有服務經驗的民間單位物色適合的執行者，來推廣接洽媒合，沒有了層層上報浪費時間，也避免打消服務熱誠。

但是，服務者該如何定名？是志工嗎？一般來說，志工是指志願服務，但這個服務如同期約回饋，因此瑞士不稱呼志工人力銀行，而是「個人老年時間儲存制度」。

負責這個新服務組織整體行銷計畫執行，又需要怎麼樣背景的人才呢？他們並未將這個專才限定在社工學經歷，更不要求護理學經歷背景，而是有服務經驗且擅長文宣行銷者，因爲這不是醫療服務。

最後他們找到了克勞迪來負責整個計畫執行，同時建立了有意投入者聯繫機制。

客源初期是透過諮詢委員會的各組織提供首波名單，有意投入者可前來辦公室面談，若合適，便會進一步陪同服務者到被服務者家進行三方會談，主要確定服務項目，建立雙方共識和服務時數。會談結束後，媒合者會分別向雙方致電，以避開當面的尷尬，私下徵詢確認意願後，便可以開始派出服務。

爲確保品質穩定，多由同一位服務者持續服務同一位客戶。由於瑞士鄉村仍保有互助民風，而且幅員廣，因此，目前這項累積服務時數的制度聚焦在都市推廣，希望讓人際日漸冷漠的都會區能因這互助制度拉近人的距離。

克勞迪進一步說明，服務直接涉及的行政費用，如前往客戶家的交通費是由組織提供，因爲在市區且瑞士公共運輸系統非常發達，故開銷有限。若客戶要出門，除非經濟有非常嚴重的困難，一般由客戶支付服務者和自己的交通費用。

經過實際運作，目前服務項目有：休閒陪伴、外出赴約、行政瑣事、身心障礙服務、購物、備餐共食、安寧照顧，及可減輕主要照顧者的支持服務等。這些和現有居家服務及居家護理既不衝突也無重疊，因此，也不太可能在短期形成對有消費服務的商業衝擊。

## 最高可存七百五十小時 未滿八十歲失能也可申請回饋

爲求務實，聖加侖也爲服務者設定時數上限，一生七百五十小時。這個時數是經過合理的評估，是如果在初老時開始提供服務，到八十歲以後或失能以後直到離世的時間，加上不希望過度鼓勵，而導致許多人沒有工作，投入會衝擊延長退休的制度影響稅收。這種和醫療專業互補的服務，不鼓勵拚命累積時數，所以不會出現像臺灣媒體報導有高到近三千多小時的服務者。

目前聖加侖經推廣到執行，二〇一七年已有一百二十位初老者，服務一百四十位八十歲以上長者；二〇一九年有一百九十五位初老者，服務一百七十五位八十歲以上長者；也有未滿八十歲服務者因車禍突發事故而申請回饋。

由於聖加侖初老者統計約有九千多人，執行單位認爲還很有潛力繼續徵募工作，宣傳方式已從電視宣導擴展到銀髮社團，進一步到企業針對屆退者與初老從業者推廣。或許有人會擔心自己認眞服務，以後來服務的人，是否會如自己當年一樣認眞？執行服務的機構主責者說，就目前來看，一方面許多投入者甚至並不想計較回饋時數；二方面，多數服務者不期望以後一定要得到多好的服務品質。倒是有些服務者覺得這是改善自己寂寞和保持社會接觸的新機會，且在這個新計畫制度與氛圍中，更感覺到眞的爲有困難的人做些事。

## 非現金年金制度 眞能紓解高齡資源壓力？

聖加侖很希望藉由這計畫，不僅回應上述推廣初衷，更希望當這些願意服務的初老者在街上來去時，成爲年輕一代的榜樣與見證，讓年輕人看到、思考自己以後也當如此，可以務實地考慮未來投入，一起紓解高齡社會年金資源和照顧服務的現金壓力。

臺灣曾於一九九九年推廣類似服務，當時有各種回饋，甚至包括公有停車場停車免費等，幾年後有些變成以換取免費健檢結清，後來又零星有以換取課程爲訴求的，但都不如當初所預期的、由服務者去收取回饋時數。看來服務回饋在臺灣，似乎以換健檢比較得到認同，但這與當時發動這項措施的初衷有落差。

臺灣目前仍有縣市持續在嘗試，如何讓服務與回饋如預期還有待摸索。到底是該全面鼓勵服務而提供各種獎勵？或是眞由志工服務？還是鎖定舒緩高齡社會照顧壓力？參考瑞士聖加侖的做法，只有在界定好方向同時降低倫理爭議，且在執行前規劃好嚴謹流程，讓服務範圍及內容明確，備援方案也完整可行下，進一步考量民情互信，才可能避免所謂滾動修正、零星亮點、難起共鳴、扭曲原意的種種問題或亂象，進而發展出務實永續的初老服務回饋方案。

## 7・瑞士II：民營時間銀行重建鄰里互助精神

在二〇一三年瑞士又有一個時間銀行成立，完全民營。瑞士雖以德語和法語爲主要語言，這個新組織卻用英語命名爲KISS，意在Keep it small and simple，希望彰顯本意也容易行銷。

聖加侖是瑞士第一個開始實施時間銀行的地方，政府邀請八個有社會福利和照顧經驗的團體一起成立營運組織，有公辦民營色彩。民營的KISS用時間代替金錢，鼓勵互助的本質與一般時間銀行一樣，但做法不同。

在琉森，類似時間銀行的組織「時間好」（Zeitgut）透過充滿彈性的媒合，不但準確提供長者需要的服務，還能發掘長者的長處，讓長者不僅只是被服務，同時也能爲他人貢獻心力。時間好與KISS串連，共同爲在地人提供最適合的服務。

聖加侖經驗有其嚴密精確之處，值得參考，但KISS與時間好身爲民間組織，如何不仰賴政府自行營運，成爲帶動高齡社會生活品質的模式，或許可提供我們另一種思維。

※

# 專訪 KISS 總監溫克勒 解說民營時間銀行

繼聖加侖時間銀行後，瑞士首創民間非營利機構自主營運 KISS 時間銀行。與前者不同的是，民營時間銀行少了政治束縛，也更有效率，且強調服務「在地化」，尤其特別的是，服務者的時數還可以彈性轉給需要服務的人。究竟 KISS 服務支持營運模式可以給臺灣什麼樣的借鏡參考？

根據瑞士官方與公共媒體聯合經營的資訊平臺（SWI）引述世界衛生組織在日內瓦的報告，瑞士男性平均壽命超過冰島，成為世界第一，女性也排前五名，而且二十一世紀出生的國民，將有一半機會活到一百歲。

活得這樣長壽，如何才不會成為人生的煩惱和負擔？這個問題引起許多討論，因為活得久，要面對衰老，全體國民要承擔更大經濟壓力，所以社會要尋找解方，讓國民確保生活基本安全保障。這不是福利，而是保障。

面對人口高齡化，瑞士除了有近兩百八十家私立保險公司負責醫療保險外，過去已有三種與銀髮族相關的社會安全保障：一、公辦老年保險，二、儲備年金，三、政府支持私人存款。這些制度性契約做法，能提供一定程度的支持。但在現實生活上，並非只靠以上三者就能滿足國民安全感與幸福感，何況公共資源總量有一定限度，且需要者不斷增加。因此海蒂（Heidi Lehner）與三位民間人士倡議「避免錢對錢、錢對人的互助保障，也不要政治對政治的運作，發展人對人的時間銀行」。而被四位發起人找來當營運總監的前議員溫克勒（Ruedi Winkler），則將時間銀行視爲老年第四保障。

## 高效自主在地化 民間機構相對優勢

KISS 時間銀行這個名字，是「Keep it small and simple」的縮寫。KISS 出現之前，海蒂和溫克勒都曾受邀參加聖加侖時間銀行董事會，他們參與後覺得因爲有官方參與，還是受到一定程度的效率限制，更重要的是，溫克勒認爲，既然時間銀行本意是鼓勵人人互助，那完全不走政府制度，也不受政府監督，全由民間實施會更純粹。

完全不受政府監督，不表示黑箱作業或閉門造車，在瑞士，很多民間組織會請外部稽核，KISS 也是如此。溫克勒進一步解釋，由於全民間經營，組織要靠募款才能運作，既然需要持續募款，就藉由外部稽核來讓營運透明化，KISS 年年要提出營運報告和稽核報告。稽核由 KISS 邀請有公信力的學者專家進行，目前是請蘇黎世和巴塞爾兩地的顧問公司進行。

二〇一八年七月我在溫克勒的辦公室進行訪談，請他談談 KISS 運作現況，溫克勒主修經濟，在蘇黎世地區銀行工作過，後來擔任地方議會議員，對瑞士政治優劣和運作制度非常熟悉。他說，瑞士實施民主政治帶來很多好處。可是若想到民主精神的眞諦，是由基層自動自發，尊重每個人，增進人與人間良好互動，那麼時間銀行到底應求助於政治管道，還是全由民間自主，就是個好問題。

KISS 發起人的共識是民間自己掌握和執行，較符合理念，事實上在 KISS 成立後，國會社福委員會也邀請溫克勒去報告 KISS 的現況，還有議員提出要編列三百萬瑞士法郎預算研究能否於全國實施，但後來被否決。溫克勒說，他很高興這種預算被否決，因爲他覺得若時間銀行由官方層層運作，很浪費錢。

KISS 組織由總部負責運作制度擬定、觀念行銷、募款、輔導成立、法律問題、領導組織等，溫克勒是目前的統籌者，旗下在各地有十二個地方性時間銀行組織，各有地方特性。這些地方特色並不是為了爭取經費、取悅學者專家審查而刻意製造的，而是各地根據人文環境思考實施互助的可行性，經過討論發展出來的。

一如歐洲許多國家發動政策計畫的流程，總是在實施前花很多力氣討論研究，希望理念與制度清楚成熟，避免偏差太多而不得不改，以致在所謂「滾動修正」下造成無謂浪費，打擊士氣。於是 KISS 幾位發起人在初期先針對瑞士人口高齡化進行深度討論。歸納重點如下：

發起人認為，戰後嬰兒潮之後的社會變動，造成家庭規模變小，成員流動性更高，居住結構造成陌生鄰居增多。這些變化讓現代人所得到的社會支持逐漸減少，而且不論緊急需求或一般常態生活需要的支持網路都縮小了，因此得創造出新的支持模式。

另外許多實際的人口結構變化常被低估，老後孤單和無業情況比想像嚴重。瑞士和其他已開發國家相似（臺灣也是如此），第一次經歷到人類歷史上，出現這麼多六十到七十五歲退休且健康的人口，有別於先人，他們有活躍生活的機會。同時，瑞士八十歲以上的人口在未來二十年還要加倍，即使八十歲以後，還有很多健康的人在家獨立生活，不過他們會逐漸需要人幫助，才能維持日常生活。但是，面對現代許多人沒孩子，或有孩子遠行，鄰居變動快且多到不認得，這種晚年繼續在家的必要支持，該去哪裡找呢？

## 擺脫付錢買服務模式 跨世代公民互信參與

KISS 發起人覺得，由於少子化所帶來的人力不足，不只是年長者，就算年輕人發生事故也可能缺乏幫助的人。因此 KISS 成立的宗旨，就是想縮小人與人的距離，增強鄰里支持，同時創造更多誘因，讓志願服務者能按著自己的期待，又符合被服務者的需要。所以一開始，訴求對象不是一般大眾，而是各種地方志工組織。另外，也開闢咖啡屋，讓一般想要了解的民眾能有個能諮詢的地方。

KISS 營運有四個原則：

一、**累積時間制度：**爲人服務一小時，以後也可以得到一小時幫助，或者轉贈別人。這些紀錄都在電腦，由被服務的人確認。

二、**合作機制**：以私人非營利組織營運，講求在地化。每個地方組織確保參加者彼此熟識，地方組織引導大家能本於社區互助精神互動，而且讓過程透明化，確保服務能實現。不要一直想著擴大規模，因爲不需要以那種方式證明或肯定自己，而且人一多反而更不容易按著本意來服務。至於怎麼進行服務，則由服務者和被服務者一起商量討論。

三、**自主性組織與決策**：透過媒合者爲需要幫助的人和想幫助別人的人牽線，媒合者清楚如何幫助兩邊找到合適搭檔。至於進行的細節則由兩邊自己商量，有問題時也可以找媒合者諮詢。

四、**擴散全國**：雖然每個地方組織都很獨立，但希望建立最基本的共同價值和特性，讓跨組織成員在全瑞士可以互助。這也是配合一個國民移動性愈來愈高的社會。溫克勒說明以上的營運精神，而且強調這是具有公民社會特色的組織，由民眾自行決定怎麼營運，而且是建立在跨世代互信和團結基礎，讓公民直接參與，必須提供穩定的安全保障。「參與精神不是等政府做什麼，更不是以旁觀者角度，成天批評政府這個做不好或者那個做不好。」溫克勒語重心長地說：「大家不要只會說『你應該怎樣』，而是『我應該怎樣』。」

自己要有行動，要有參與，才能改善問題，溫克勒認爲這是非常重要的。當聖加侖使用議會立法基金來確保服務者以後必能得到服務，這意味著官員認爲只要出錢，以後就可以找到替代人力，彌補早年服務的人得到服務。但仔細想想，現在很多工作給錢也不見得有人要做，不是嗎？即使有公款擔保，難道就保證以後一定有足夠的服務者，按時按需要來投入嗎？溫克勒笑了，他覺得很難講，因此，KISS沒走這條路，他們募款時不會到處宣告保證以後的事，反倒花更多時間扎根，希望建立於互信團結，由民間找出可長可久的模式。

※

## KISS時間銀行「咖啡會」服務者與被服務者零距離

瑞士民間版的時間銀行爲了有效經營，設立每月一次的咖啡會。如同荷蘭阿茲海默咖啡，時間銀行的咖啡會只是一個聚會活動的名稱，實際上就是一次會面的活動，目的在於有個固定時間與機會，讓同一地區使用此制度的幫助者和被幫助者相聚，讓彼此更認識，以強化互動關係。這也是 KISS 設立時期望見到的，而不是一對對服務者與被服務者只認得少數人，一旦需要換服務者時又要重新適應，且彼此熟識，也能分享參與 KISS 的經驗。再者，每月一次的相聚還會邀請長者或專家分享大家關心的議題，例如失智、老人年金制度，有時也由會員分享生活經驗，拓展大家的生活閱歷。

## 烏斯特市媒合在地服務 時數可轉嫁給有需要者

以和蘇黎世相距十五分鐘車程的烏斯特市（Uster）爲例，七月夏天週六下午一點半，時間銀行會員四十多人在該市 KISS 分部辦公室外的巷子裡擺桌，有點心、咖啡和冰淇淋。許多會員閒話家常，放眼望去，每桌旁都有助行器和拐杖，大家都聊得很開心。分部辦公室其實是一間幼稚園辦公室，與幼稚園共用，每週兩天有分部主責者來此處理媒合業務。咖啡會夏天在戶外巷子裡，冬天則移至室內舉辦，每次都會有志工協助。

烏斯特在二〇一七年一月開辦 KISS，到二〇一八年七月已促成近百對服務，所謂「一對」

是指服務者和被服務者搭檔。朵莉絲在這區負責登錄檢核時數，並協助發展服務項目，目前服務項目除了家事，還有應當地民眾期待而產生的項目，如陪伴跳舞、閱讀、旅遊、照顧動物，以及幫忙視力退化的人書寫記事本等。這也是KISS原始設計的特性之一，鼓勵每個地方了解在地需要，進而發展服務項目。

KISS會員伊麗莎白僅一年半就累積近四百多小時，她每週要服務三位民眾，在咖啡會這天她服務的失智長者沒有來，伊麗莎白很高興拿出手機分享那位長者的照片。她說，這位失智者住在照顧住宅，照顧住宅附有護理服務，但並非安養機構，看起來就像公寓一樣。

伊麗莎白每次去探視陪伴時，都會帶著自己的狗。伊麗莎白的狗平時不願意隨便讓陌生人碰，卻不排斥失智者觸摸，而且帶來的狗看到失智者家裡養的狗也很高興。所以這項陪伴不僅幫助了失智者，自己也很快樂。在答應這項工作前，伊麗莎白從未想到去陪伴失智者有什麼特別要訓練的，她自己也七十多歲了，人生經驗豐富，就這樣陪伴了一年。看到失智者記得自己，也期待自己下一次的拜訪，伊麗莎白覺得非常高興。

依照KISS的原則，每位服務者的上限是七百五十小時，伊麗莎白已超過一半，超過了要怎麼辦？朵莉絲說，由於還沒人超過，現在還言之過早。要是真的超過了，難道就叫這個人不准服務嗎？好像也不應如此。伊麗莎白也表示，還沒想到以後要怎麼使用這些服務時數。

KISS 還在發展中，目前的制度是鼓勵大家服務，也可以將自己累積時數轉給需要的人，而不限定自己使用。其設計精神就在於希望藉此讓更多人相互連結受惠。在烏斯特有位四十七歲的幫助者就說，要是時間銀行在瑞士推廣加快，她希望累積的時數能用於父母，只是目前父母居住的地區還沒成立 KISS 分部。到二〇一八年為止，全瑞士已有十二個地區成立分部了。

另一位住在照顧住宅的女士依莉娜已經八十六歲了，雖然視力不好，但其他生活能力還可以。依莉娜早年在旅遊業服務，能說法語、義大利語、德語、英語，還曾為了幫助人就醫而學習土耳其語當翻譯，她也曾規劃全歐洲的單車旅遊路線。十年前，依莉娜的樂趣之一就是結伴不用地圖，靠記憶和摸索判斷，進行一個一個城市的單車旅遊。現在她獨居，把所有電話號碼放大成冊，每次打電話就刻意用背誦的來撥號，以訓練自己，她的電話也有號碼發音配合。另外，她還有投影放大機，把日記本等資料放在投影機下放大，用螢幕來閱讀。

依莉娜視力退化了，她曾有助理協助登記行事曆，讓她記住赴約及其他生活聯繫事項。後來助理聽說 KISS 在烏斯特成立分部，便建議她申請，就這樣，朵莉絲七十四歲的先生一週一

瑞士蘇黎世郊區時間銀行由老人陪老人外出參加活動。

次來幫依莉娜寫行事曆，行事曆可不能隨便寫，而是要注意使用依莉娜能辨識的語言來登記。這樣等到幫助者離開了，她自己在家時才能看得懂行事曆寫了什麼。

依莉娜將在下一次的咖啡會分享她的單車經驗，為了這項分享，她的簡報會用到很多照片，視力退化的她需要別人幫忙篩選照片，再編號放入檔案。對視力正常的人來說，這不是困難的工作，但對依莉娜來說，有人幫助就可以繼續維持高度的社會互動。她目前繼續住在家裡，家裡保有年輕時旅遊各地的紀念品，她來咖啡會這天穿了漂亮的衣服，那是她以前在尼泊爾服務時買的。依莉娜客廳帽架五花八門，擺得很有品味，這樣繼續生活對她也很好。

朵莉絲的先生說，其實幫忙寫行事曆固然重要，但在幫助時，也同時陪伴了依莉娜，因爲若不是這樣服務，她幾乎終日自己一人，沒有人當面相處談心。

## 政府與教會經費支持 未來發展看三年實驗成效

烏斯特的 KISS 分部目前正在實施開辦前的三年實驗期，不論行政監督還是經費補助，都秉持著民間自行營運的精神。不過，烏斯特的三年計畫有意爭取政府和教會支持經費，該地時間銀行辦公室希望用三年時間觀察成效，再來檢討未來怎麼經營，希望三年後可以不需要政府的經費。每次咖啡會，就是最好的檢討機會，能聽到更多人討論現況。

行政經驗豐富的依莉娜在咖啡會後就說，她相信 KISS 能在烏斯特快速成長，與領導者的領導方式有關。至於未來，依莉娜說，她很樂觀，但 KISS 經營需要時間，因爲這不是她年輕時的服務支持方式。十年前，當她還活躍於單車城市旅遊時，就已經實驗互助，只是那時不是用時間銀行的方式，且當時只施行一段時間就終止了，如今 KISS 比她發動的服務更有系統，相信可以發展得更好。

※

# 互助人際網絡大串聯「時間好」找回人情

瑞士琉森市以德文「時間好」（Zeitgut）取代時間銀行的名稱，刻意避免引起與錢有關的誤解，強調善用時間幫助別人。「時間好」系統擺脫機械媒合模式，更強調時間銀行人情味，服務配對介入協調、排除衝突，務求供需皆大歡喜，且被服務者也能服務他人。這種雙向甚至多向的互動網絡正在各地串連，蔚爲一股新興服務潮流。

九十四歲的貝克在世界著名觀光城市琉森獨居，她行動有點緩慢，生活自理能力逐漸變差，已無力打掃。儘管貝克有十九位兄弟姊妹，三位兒女和許多孫輩，但如今大家很難天天聚在一起。

爲了居家衛生和清潔，貝克習慣每兩個星期換洗床單，但她沒辦法彎腰，也就無法獨自處理。要是去住安養中心，生活空間不如家裡大；若是付錢請居家照顧，花費非常貴，而且請了居家照顧只處理床單也不划算。

好在，住在樓下的雷古拉夏麗和貝克都加入了時間銀行，經過媒合者妮可的配對，現在雷古拉夏麗會定時來幫忙。雷古拉夏麗也快七十歲了，掀開床單時也有點喘，還好，她和貝克一起做，就解決問題了。「只要多提供他們那麼一點幫助，他們就可以繼續住在家裡。」貝克的兒子古特這麼說。他是退休記者，也加入時間銀行，看到媽媽本來可能要去安養中心，現在仍可自己住在家，格外感覺到時間銀行的幫助很有意義。

貝克的臥房還有鋼琴，兩位長者一起處理完床單，貝克彈琴給雷古拉夏麗聽，彼此歡喜。貝克說，找個不認識的人來幫忙也不放心，但這位幫助者同是會員又是鄰居，這樣很好。

## 「時間好」服務 善用時間幫助長者

雖然中文勉強用「時間銀行」翻譯當地的服務，但其實當地人對「時間銀行」一詞有些敏感，認為最好不要稱「時間銀行」，因為想避免引起與錢有關的誤解。在琉森大家稱之為「時間好」（Zeitgut），意思是善用時間，把自己的時間用於幫助別人。

琉森這種服務源自二十年前，物理治療師安吉拉從媽媽那裡得到一本德國雜誌，媽媽與她分享德國南部小鎮 Riedlingen 的服務故事。後來安吉拉退休，覺得發展這種服務很有意義，因而在八年前著手開創「時間好」服務。安吉拉遊說地方政府，得到一點補助，這時，蘇黎世也成立了時間銀行 KISS，於是彼此串連，希望在更多城市推動這種服務。安吉拉認同 KISS，但不喜歡 KISS 的名稱，因為這總是讓許多琉森會員想到親嘴。這也不要緊，各自表述，只要服務串連成功就好。

安吉拉強調，社會走向個人主義，有好有壞，好處是不必活在群體壓力下，但是過度個人主義，會變得唯利是圖，可能創造更多邊緣人，到頭來，許多人失去生活幸福感。她非常希望時間銀行帶來人與人相處的契機，甚至讓人更加願意互助，那樣即使時間銀行不再存在也無妨。

目前琉森的「時間好」組織編制有策略主管安吉拉，行政主管雷古拉夏麗，還有媒合個案經理妮可。退休的安吉拉負責與政府等機關接洽發展業務，但不從組織裡支領薪水。雷古拉夏麗與妮可各自有工作，她們各以兩成到四成薪水的方式得到薪水，意思是組織擬定全職人員的全薪金額，然後計算這兩位投入時數與全職時間的百分比來支薪。若與她們本職所得來算，不是對等的報酬，但可以影響很多人過更好的生活，讓她們樂於參與。

妮可是社工，她有自己的社會服務諮詢公司。安吉拉請妮可來，是因爲安吉拉認爲，純媒合電腦就能辦到，可是時間銀行要人味，要讓幫助者和接受幫助者都不失去面子，妮可有這本事來媒合協調和排除衝突，而且妮可還能識人，能看穿人的需要、發掘人的潛力。

## 被服務者也服務人 時間銀行互助人情味

安吉拉分享了幾個例子，有次有位老太太想爲孩子做個特別的蛋糕，但她無力自己完成，妮可知道了就幫她想辦法。做蛋糕本來不在時間銀行常見的服務，但妮可從會員名單物色，找到願意幫忙的人，就把老太太的食譜交給這會員。沒想到做蛋糕的過程中，老太太又來電說要無糖的，妮可認爲，不宜要求熱心幫忙的會員換做一個無糖的，所以仍以原蛋糕送來老太太家。這個互動最終還是在妮可斡旋下快樂收場。

有位行動不便的老先生需要人陪伴去超市，後來陪伴者發現老先生語言能力很強，而陪伴者的孩子需要學語文，於是透過妮可，老先生既是被幫助者，也成爲幫助者，可以累積時數。

還有一位長者也是要人幫助一同去超市，後來幫助者和他聊起來，發現長者讀過很多犯罪小說，變成長者被陪伴去超市，同時又導讀犯罪小說給陪伴者，被認可記錄時數。這些都不是當初配對時所預期到的，也是時間銀行迷人之處。

還有位申請家庭陪伴的長輩，他也每天負責打電話給另一位更衰弱的長者，確定她還健康活著。這是因爲妮可發現打電話的長輩還能承擔問候別人的服務，而當地正好有另一位長者的安全需要被關注。

目前瑞士琉森地區這種同時接受幫助又幫助別人的會員有十五位，妮可和安吉拉等許多時間銀行主管，都非常樂見這種發展。這並非機械式媒合能做到的，要靠媒合者用心投入。安吉拉說，以往的志工服務，多半是志工對某人服務，或志工爲某種活動負責服務，但時間銀行期望看到的，是雙向甚至多向的互動，大家互相給別人幫助。

妮可對社會服務很有興趣，平時負責一些照顧機構的外部督導，在時間銀行正好運用長才。初步接到新會員申請時，總花一個多小時談話和觀察，然後給會員很好的建議。

她還會在平時打電話了解各配對服務者的服務情形，有時候，被服務者對服務者有意見，或服務者感覺到被服務者要求太多，讓服務失去樂趣，這些細節都可以向妮可說明，妮可會來排除衝突，而她總能讓雙方都有臺階下。

妮可非常稱職，不過 KISS 總負責人溫克勒說，綜觀目前全瑞士的時間銀行，倒並非一定是社工才能做好媒合，有做過大公司人資部門主管的人也能發揮能力。

## 營運省思 如何開創整合資源？

到二〇一八年七月，全瑞士已有十二個城市有時間銀行或類似組織，達一千八百名會員。只要透過約五杯咖啡的會費，就可成爲會員。

這種組織成員不但可以服務人或申請服務，還有權參與營運意見。所以每年各地組織還會出版報告和開會來向會員說明，目的是鼓勵人用智慧參與，讓營運更務實。

想服務人還要交錢，是不是有點奇怪？安吉拉說，其實時間銀行的原意，希望透過會員制度，讓更多人可以溝通交流，讓一個社會脫離什麼事都是看錢辦事，希望社會有人味。每個時間銀行都需要行政處理和媒合服務，還有行銷募款，所以得有基本資源。會員得到的不只服務人和被服務，還有過程中透過媒合者的幫助，創造更優質的互動和生活品質。

爲讓一個地方的會員建立互信關係，通常鼓勵一群本來就認識的人一起加入，族群增加時，就讓幾個群體有見面互動的機會，並將他們結合起來。服務內容可隨時創造，一方面符合在地需要，二方面集合大家的創意。

和在聖加侖的公辦民營時間銀行鎖定初老者不同，KISS 系統徵募會員放寬到只要十八歲就可以，因爲主辦人員一致認爲，鼓勵年輕人參與，更容易創造整個社會的認同。若從年輕就投入時間銀行，未來更可能視幫助別人爲理所當然，且透過理解老年生活，有助思考規劃人生。透過服務弱者理解人生，將來需要被服務時就不會覺得失去尊嚴。

## 服務項目彈性多元 人際生活多采多姿

擔任物理治療師，有多年照顧長者經驗的安吉拉認爲，若不是曾接觸過失能者，很多人可能很不容易接受人家的幫忙，因爲覺得不好開口。

時間銀行或許比傳統志工更有志願服務的精神，許多人服務能得到時數，意義不在計較回報，而是更多人際連結與生活樂趣。如果拿時間銀行與傳統志工服務相比，安吉拉認爲，傳統志工彼此往來可能不如時間銀行多，而且服務職責比較固定。時間銀行給服務者更多種類與彈性，讓服務者得到更多趣味。媒合經理掌握的資料，會員種類多，透過配對，不必承諾長期固定的服務，所有會員更有機會體驗多樣的人際接觸經驗。例如這個月幫人讀故事書三次，下個月得到機會是去安養中心陪人跳舞，生活更多采多姿。還有，並不是所有會員都願意或適合照顧失智者，但有些有照顧失智經驗又有興趣的人，可以做得很好。

KISS 四位創始人之一的海蒂回顧當初的想法，認爲大家都需要錢維持生活是事實，可是很多相互照顧，不一定需要錢才能實現，甚至有錢也不一定能實現。她覺得世界上也有很多問題是由錢引起的。若能走出錢的框架，社會還有很多潛力。

人口高齡化後，以鐘點費計算的居家服務有時因看錶辦事已經爲人詬病，也讓長者因爲怕付不起而走入困境。海蒂認爲，人的安全感來自於周圍的人怎樣對待自己。若彼此願意幫助，大家確信自己活在會有人幫助的處境，即使老了病了，也有安全感。這就是時間銀行推動的理念。

## 不搶服務業飯碗

曾在化妝品業工作的海蒂，除兼職投入KISS，現在的全職工作則是轉到一個名爲向日葵的基金會，承擔研究計畫，營運一座「錢」博物館，目的就在研究社會如何走出錢的框架。她與大學的社會人類學系合作，對時間銀行的許多會員做訪談研究，再邀請七十多歲退休的職業攝影師幫忙拍照，把訪談逐字整理後取出精華句子，編成時間銀行的經驗集，把會員的經歷分享出去。這就是走出錢的框架的好例子。

KISS串連各地的時間銀行，當初設定的服務上限是每週六小時，總數七百五十小時。希望不要因有人時數累積太快而失控，無法調派服務回饋，也不確定來參加者到底有哪些情形會發生。另外，也不願見時間銀行興盛打擊服務業，影響就業市場和政府稅收。幾年後，溫克勒覺得七百五十小時很容易超過，已在研議將上限提升到一千五百小時，但仍會評估如何不影響專業人員飯碗。

由於KISS系統串連的時間累積可以轉贈，所以實際營運方式是一人服務別人若干小時後轉移他人，時數就扣除。所以總時數往上攀升也可能下降，是浮動的。若有人想把時數轉給別人，也不表示對方立刻可以得到大量服務。另外，如果有人眞的需要長期常態固定的服務，溫克勒說，每位媒合經理會看情形，建議此人付費找專業服務者，例如居家清掃、花園整理等。KISS 也要明白自己的本質和極限。

一個以鐘錶和銀行著稱的國家，走過追求最大獲利爲滿足的歲月，如今有愈來愈多人覺醒，倡議重新看待時間的意義，扭轉人們困於金錢的枷鎖，鼓勵將創造力用於開發重建人際關係與安全感。從他們的努力來思考，走出束縛，過一個平等互助的生活，希望能看到更多人互相把自己的生命用來幫助別人過得更好，創造祥和互助氛圍的社會。

## ※儲備高齡照顧資源 時間銀行創新大挑戰

愈來愈多縣市政府與民間組織挹注資源，規劃創設「時間銀行」。但是，這項因應高齡社會互助需求的期約服務模式，在臺灣尚處萌芽實驗階段。如何從政府決策整合資源，並與基層對話聚焦，尋求一套符合國情及社會期待的服務支持系統，備受各界關注。

由於需要照顧的高齡長輩愈來愈多，各國都在找對策，其中時間銀行又活絡起來。之所以說是「又活絡」，是因爲這觀念已萌生超過百年，只是實施方式和永續效果不同，有的如曇花一現，有的能在小範圍社區發揮作用。

現在臺灣有些縣市希望擴充規模，以降低照顧負荷，提升長者生活品質。不過，時間銀行營運的基本論述仍有待釐清推廣，能取得全民共識，方能增加參與、發揮效能。

時間銀行過去的模糊與爭議主要如下：

第一，時間銀行服務者和志工混淆不清。時間銀行的服務者是期約服務，也就是我付出若干小時於某些服務，未來能期待別人爲我服務相對內容和時數；志工則是不求回報，主要誘因在於樂在幫助別人，或可說是將一種生活風格制度化。把時間銀行和志工混爲一談，可能扭曲志工精神，變成可以期待服務回報或必須有服務回報。坊間爲推廣志工服務，有累積時數可以獲得旅遊參觀票券等，即使如此，都頗有議論空間，可能導致反客爲主，變成搶票券，輕忽服務本質影響服務品質。時間銀行很明確就是交換，不管是自用，或是將自己累積的時數轉給別人，都是如此。

第二，時間銀行是否導致破壞群己倫理？在民風純樸的社會，彼此顧念是一種生活方式，人們靠互助而活在關係裡，享有生活安全和互動品質，這本來是人性的光輝，但如今，變成制式規範，付出求回報，是否將來更容易斤斤計較或更爲現實功利？即使期約服務交換，也要計較分秒，或是服務種類、服務品質，甚至服務態度？

若是如此，人與人互助變成看表格單、看時鐘來動作，如果形成公事公辦氛圍，則人與人的溫度在哪裡？

西方早年基督教倫理說的是效法耶穌捨己精神，東方也說爲善不欲人知，雖未說明是否不欲人知就一定不求回報，至少字面上是主張只求需要者得到幫助。時間銀行難道要變成凡幫助都是契約行爲？

第三，時間銀行是否應限定參與對象和服務時數？若爲求政績不限定參與對象的年齡和背景，再加上不限時數或鼓勵衝高時數顯示績效成就，甚至爲了吸引人參與，調整制度爲服務者可申請轉給各地需要對象，如此一來，承辦者如何確保四處調撥能穩定回饋？

這有點像以前有個廣告公司提案奶粉商用買奶粉送內衣取代特定贈品，未料到後來消費者紛紛來索取不同尺寸的內衣，造成促銷活動繁複困擾。所以時間銀行是否要限制時數上限，以確保返還更可控制？

## 減輕負擔降低風險 務實建立時間銀行系統

爲了避免以上第一點和第三點爭議，有些國家如瑞士，花很多心力研擬周延又能達到預期目的的制度，將服務者限定在退休健康，年齡在六十至八十歲的長者，服務八十歲以上高齡長輩。理念是善用初老者的閱歷和體能，讓老一輩得到生活支持，也得到「深得我心」的溝通互動滿足心靈，同時讓服務者預備老年，並在當下服務避免孤單，替代退休離開社會網路的空虛和因離開職業失去的價值。至於不鼓勵年輕人投入此計畫是因爲年輕人有很多人際網路互動資源，年輕人的生產力有其他管道可以貢獻，有別於退休者貢獻社會方式，且年輕人固然可以與八旬以上長者對話，但六十、七十歲的人原則上更能同理交流。

至於第二點，時間銀行是否打亂群己關係，變成利益交換或凡事計較？其實，這或可針對不同時空處遇發展適合服務方式，來回應社會需要的角度來看，也就是說，過去農業社會人口組成裡青壯年比現在多，扶養的壓力較小，過去大家爲謀生而外出的地理位置移動比較短，居住地區人際互動頻率高，現在因科技和交通工具及市場變化，許多身爲子女或有能力提供照顧長輩的人，可能爲工作跑很遠，或者機動性很高，而導致居住方式改變，尤其都市化科技化，導致人際疏離信任降低，同時，付出支持長輩的照顧變得很不穩定。

在這種情況下，時間銀行成爲因應當下人口結構變化和人群移動特性下的權宜之計，提供社會照顧需求發展一個更可預測的支持系統。

其次，若將服務儲存視同存錢在銀行，等到需要時提出，也就是傳統銀行存金錢，時間銀行存人力服務，以備不時之需，以此增加生活安全感和儲備資源未雨綢繆。如此來看，則時間銀行的道德倫理爭議降低，反而是減少風險，降低他人負擔的一種新興選擇。

再者，即使交換服務的理念有充分正當性和時代性，但細節規則如何最大化彰顯人性，而且能爲社會普遍接受，至少能被有意參與者接受，仍有待更加周延的研擬。例如時間銀行選擇開放服務項目的根據從何而來？是調查過長者需要？還是考慮初老者意願與樂趣？服務者以後能交換到的服務項目，要限定完全相同避免爭議，或放寬替代項目增加彈性以方便領取？或要如銀行儲蓄金錢、航空公司累積里程，可提存轉送他人？若各種項目來自有系統的調查爲據，自然更務實。

調查之後確立的服務項目，若以能支持長者在家生活爲核心精神，而不再計較不同項目的體能耗損與風險，甚至幫助不同被服務對象和其居住環境要實施的難度，則替換爭議或許會減少。

## 臺灣該怎麼做？

臺灣過去幾年爲了緩和高齡人口照顧壓力，不斷推陳出新，能積極作爲固然可喜，但決策過程和細項選擇，以及落實的人才素質和服務品質，卻有許多不確定性，所以才被消遣爲滾動式修正。面對挑戰，有時一方面想三步變兩步，援引見聞的他國模式，快快剪綵揭牌投入預算要地方辦出績效。另一方面，又非常嚴肅在乎面子，和爲示嚴謹而表達他國有他國文化和社會條件，所以我們不要仿效，要走自己的路。

以上種種情結與因素，已經因爲總是不夠細緻的計畫執行帶來可觀的社會成本。如今新北、臺中、高雄、金門等愈來愈多縣市的官方與民間組織，再次把希望投注在時間銀行，期待成爲提升高齡人口生活品質、延緩老化的輔助利器，甚至期待用制度喚起舊社會的互助溫暖。這回推動，無論是社會運動還是官方政策，既然是期待由下而上，發自基層內心認同，則最好能有充分對話時間和實驗空間，才能更趨近原始目的，不變質，又能在新時代有新意。

# 8・瑞士III：聖加侖快樂旅館 有愛關懷 服務無礙

聖加侖地區有間被譽爲「快樂旅館」的三星級旅館Hotel Dom，在這裡由十五位教練領班帶領五十五位身心障礙者，打造令顧客感動的特殊服務體驗。不少身心障礙者在此邊做邊學，後來回歸社會體制自力更生，成爲親切專業的服務人員。從快樂旅館看到瑞士特殊社會風格，令人悸動！

一般臺灣民眾對瑞士不陌生，除了美麗的高山風景，還有巧克力與鐘錶，說到自然景觀與美食以外的瑞士，可能想到的是瑞士的公投制度，什麼事情都可以公投。其實瑞士還有很多人文風景非常有趣且發人深省，像聖加侖地區有間旅館Hotel Dom，被網友描述成瑞士最快樂旅館。

## 身心障礙者快樂服務

說到最快樂，是誰快樂？爲什麼快樂？怎麼快樂？其實這是一間得到政府有限度支持、民營的正規旅館，但和一般旅館不同，旅館雇用了五十五位社會邊緣人，常態則有十位相似背景的在校實習生。所謂邊緣人是指被社會忽略，或者難以順利融入社會生活的人，例如身心障礙等。這五十五位員工由十五位教練協助當領班，以每位教練帶領兩三位的方式，引導這些服務人員學習經營專業旅館。雖然他們難以擔任領導工作，但旅館有很多例行工作可以投入，例如房間整理、備餐等。

在臺灣，也有旅館飯店會開放給身心障礙者工作，但較侷限於後場勤務，也就是一些重複性事務工作；這裡的期許不只如此，包含在餐廳內補充各種早餐食材，協助客人等各種互動，這就比較複雜且挑戰性更高了。在瑞士，旅館被視爲很專業的工作，所謂專業包含的不只是燈光美、氣氛佳，還有總是預先幫顧客想到下一步，以及互動中讓顧客感受到滿意的接待。正如休閒理論所說，顧客追求的是自由感和特殊體驗，這才不虛此行。

Hotel Dom 的經理 Hans-Jakob Würsch 與我碰面，原本預計只要解說一小時，他一口氣聊了三小時，才看看他的手錶告辭。因爲這裡有許多故事，讓他覺得從別的縣市跑來這旅館很值得。他說，這五十五個人都已成年，他們住在旅館周邊、由政府興建的永久性特殊照顧住宅，白天來這裡上班，旅館要考慮他們的特性，設計適合他們的工作方式，訂定學習目標，然後由教練們帶領。教練不是學醫學或特教的，除了兩位社工外，都是旅館專業人員，像是廚師、房務和櫃檯等，他們就本身的專業，耐心幫助社會邊緣人。每個月還有固定時間大家一起開討論會，討論會不是相互指責的檢討會，而是彼此開放透明表達自己的意見與期待，好讓教練們能支持他們繼續向前走。

二十年來，這裡有些員工來的時候問題很多，包括社會常規、互動溝通，但是在一年半左右的學習後都已逐漸適應，有的覺得繼續在這裡工作也很好，因此有人直到六十歲都仍持續在此服務，也有的因爲從不了解旅館經營到有機會參與，發揮出潛力，後來轉介到一般旅館服務，在這裡的日子成爲美好的回憶。教練看到有人能找到更適合的目標而離職，也很安慰。

## 讓顧客感動的服務

這裡是三星營業旅館，不會因爲員工特殊而降低服務水平，教練會一步一步放手讓員工有機會做事，在保有顧客服務品質的前提下調整工作流程，甚至服務環境。舉例來說，早餐的取餐檯，琳瑯滿目，看起來是讓顧客方便，其實也是刻意爲員工設計，動線擺盤不但要好看，各種工具要擺得讓員工容易分辨，容易補菜。取餐檯旁的電動門，方便員工從廚房出來或拿空盤、空杯回廚房，動線短同時方便。

有的員工因疾病無法工作很久，所以這裡設計彈性時數，也不賣晚餐。員工除了忙事務性工作進進出出，還能與顧客互動，這就更不容易了。旅館經過多年的耐心調整，讓這些員工現在與客人互動，不只是見了人就機械式地喊歡迎光臨，而是觀察顧客需要和顧客忽略的，及時給予幫助。

以我自己親身經驗來說，有次早上我在取餐檯的飲品區，看到豆漿和杏仁奶都很想喝，喝完再去倒的時候，發現紙盒已經空了，再倒還是沒有，有位員工遠遠看到我重複兩次動作，就過來微笑對我說，兩分鐘後送到我座位。眞的嗎？還是只是說說而已？果眞我才回座位不久，飲料就送過來了。如果您知道站在您面前的人是什麼背景，又是經過多少努力才成爲親切專業的旅館服務者，眞的會很感動。

另一個例子是爲了讓顧客吃到新鮮的蛋，所以旅館餐檯有個有趣的煮蛋區，一個鋼盒內有八個蛋架，顧客可以取生蛋放入，自己開電煮水，一旁還有彩色沙漏，用沙漏計算時間，有沒有像瑞士鐘錶一樣精準不知道，但就是一種體驗。我煮了蛋，用盤子裝回座位，不到一分鐘，服務人員從我背後走來，親切地把鹽和胡椒罐放到我桌上，讓人感覺很窩心！這表示員工能觀察、維持服務的節奏，讓早餐運作得很好。

## 邊做邊學自力更生

我也留意到，教練和員工在比較不忙的時候，會直接在服務現場小聲地講解示範，幫助員工知道什麼叫從無到有、從有到有品質、從有品質到精緻。幾乎是一有機會就溫和地教導，他們之間的默契也更好，一旦有情緒問題也較好掌控。因著員工之間的氛圍，這也是他們成年後，感覺到最像家的地方。

Würsch 說，許多因爲身心障疾病而被社會排擠的人，不一定完全不能工作，而是他們的家庭可能有問題，或者他們一直被父母對待的方式，造成學習機會與學習資源缺乏。在這裡，至少有相當數量的人是有機會自力更生的，最起碼能夠不被排斥。

使人人不被排斥，生活在社會中，就是這家旅館經營的原始目的。一般人住旅館，也許會希望看到美麗的裝飾，這裡呈現的卻是五十五位活生生的人，在顧客面前活出不一樣的生命。難怪幾年前，有位旅客看了很感動，說這裡是瑞士的快樂旅館。

Hotel Dom 位在聖加侖觀光地標大教堂隔壁一條街，距離遊客中心不遠，外表看就是間一般的

瑞士聖加侖三星級旅館支持身心障者就業，由職能治療師等引導操作多樣服務。

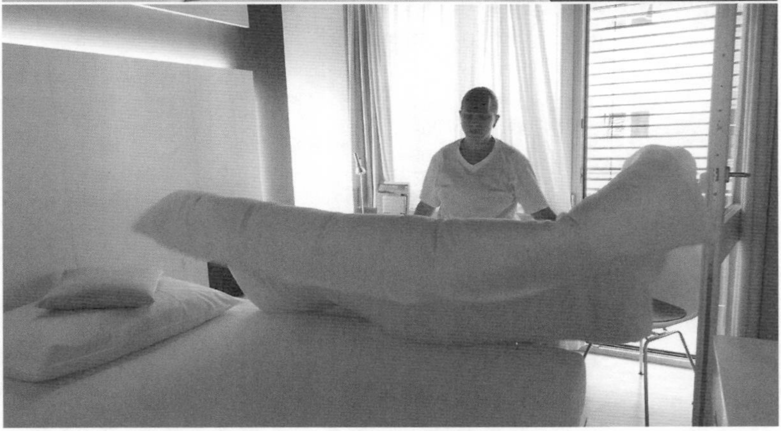

旅館支持身心障者就業，按才幹與當日心情彈性安排工作。

旅店，四周有其他飯店和精品店。一眼望去看到有別於其他旅館的地方，也許就是各樓層的公共走道壁畫，都是員工的畫作，同樣是畫瑞士景觀，因爲他們的內心世界，展現不同的風貌。最初旅館開張只是爲了同時能幫助特別的人，如今卻因這種幫助，變成旅館界的異數。

看到近來推動而名聞遐邇的當地時間銀行，再看到這間快樂旅館，或可更了解聖加侖文化脈絡。重視濟弱、維持互信，和不斷想辦法創造多贏，並設法永續經營，是一種社會生活風格，要別人和自己過得一樣好。

# 後記

本書取名高齡友善，是希望大家聚焦於人，而不是事或病，更不是銀髮產業商機。人人有幸活到九十歲以上，難免因老化而身體機能不再如二十歲，但生命成長卻累積豐富價值意義。人間有越來越多老者和弱者，更挑戰我們如何彼此相待，讓大家活得如上帝按著祂的形象所創造，本應有的樣式。這不容易，好在我們因上帝的愛可以學習從聚焦問題走向聚焦盼望。本書最值得看的，是一開頭前輩們寫的推薦序和短語，請細細品味。其次，若您在內文看到什麼亮點，請想到有一位永不改變的神愛我們，所以給了作者機會去觀察、體驗這些故事。作者絕對毫無任何功勞。因爲我們原是上帝的工作，在耶穌基督裡造成，爲要叫我們行善。上帝使我們從罪中得自由，讓我們願意學祂如此行，白白得來白白捨去地善待人。又教我們不要自高，不要倚靠無定的錢財，只要倚靠那厚賜百物給我們享受的神，要甘心施捨，樂意供給人，爲自己積成美好的根基，預備將來，持定那眞正的生命。這是本書背後的思想價值觀。願我們遇見需要幫助的長者，能用上帝所造的人應有的態度與方式對待他們，也願長者善用智慧，如此回應幫助他們的人，並起而幫助更多比他們更需要幫助的長者。

關於本書的出版，有賴《熟年誌》雜誌協助，及卓越新聞獎基金會一直以來的鼓勵，在此獻上誠摯的感謝與祝福。